企业危机管理之道

〔日〕**杉浦泰** _____ 著 袁旭君 _____ 译

中国科学技术出版社

·北京·

20 SHA NO V-JI KAIFUKU DE WAKARU "KIKI NO NORIKOEKATA" ZUKAN
written by Yutaka Sugiura
Copyright © 2020 by Yutaka Sugiura. All rights reserved.
Originally published in Japan by Nikkei Business Publications, Inc.
Simplified Chinese translation rights arranged with Nikkei Business Publications,
Inc. through Shanghai To-Asia Culture Co., Ltd.
北京市版权局著作权合同登记　图字：01-2021-7118。

图书在版编目（CIP）数据

　V 字形复苏：企业危机管理之道 /（日）杉浦泰著；
袁旭君译 . —北京：中国科学技术出版社，2022.4
　ISBN 978-7-5046-9510-9

　Ⅰ . ① V… Ⅱ . ①杉… ②袁… Ⅲ . ①企业危机—企业
管理—研究—世界 Ⅳ . ① F279.1

中国版本图书馆 CIP 数据核字（2022）第 050310 号

策划编辑	杜凡如　杨汝娜	
责任编辑	杜凡如	
封面设计	马筱琨	
版式设计	蚂蚁设计	
责任校对	吕传新	
责任印制	李晓霖	

出　　版	中国科学技术出版社	
发　　行	中国科学技术出版社有限公司发行部	
地　　址	北京市海淀区中关村南大街 16 号	
邮　　编	100081	
发行电话	010-62173865	
传　　真	010-62173081	
网　　址	http://www.cspbooks.com.cn	

开　　本	880mm×1230mm　　1/32	
字　　数	165 千字	
印　　张	8.75	
版　　次	2022 年 4 月第 1 版	
印　　次	2022 年 4 月第 1 次印刷	
印　　刷	北京盛通印刷股份有限公司	
书　　号	ISBN 978-7-5046-9510-9/F·993	
定　　价	59.00 元	

（凡购买本社图书，如有缺页、倒页、脱页者，本社发行部负责调换）

本书是一本案例集，收集了日本和美国的共20家企业度过危机的案例。本书旨在尽可能简洁易懂地介绍这20家企业分别陷入了怎样的危机，危机的本质是什么，以及它们是如何通过加强防守和采取攻势来实现企业成长的。

为什么我们尤为关注企业危机呢？背后有三个理由。

第一个理由是了解前人如何直面危机、度过危机，能够为我们度过危机提供很大的启发。有句名言说："聪明的人从历史中学习，愚蠢的人从经验中学习。"这句话所说的"历史"，就是指"其他人的经验"。学习迄今为止前人度过危机的经验，正是帮助我们巧妙地战胜危机的捷径。

另外，在阅读本书时，读者会看到，有几家遇到危机的企业发现问题的时候虽然已经太晚了，但是它们决不放弃，顽强地面对危机，最终创造出新的价值。正因为我们身处前景不明朗的时代，所以前人度过危机的案例更对我们大有裨益。

第二个理由是"有危机，才有今天"是一个几乎符合所有企业发展历程的普遍事实。本书中也会提到，商业就是一部下克上

的历史，随着先进的技术和产品的诞生，商业世界的版图被不断改写，没有哪一家企业能够长期地、半永久地占据第一位。

我们如果更细致地观察这些下克上的历史进程，就会发现在很多企业里，支柱业务、优秀的组织管理、规章制度这些核心竞争力，都是在危机中孕育出来的。相反，我们还会发现一个趋势，越是没有经历过大的危机，一帆风顺地成长、扩张起来的企业，越可能存在根深蒂固的问题和自以为是的心态，日后越容易引发巨大危机。在危机中经受考验，并努力攻克难关的过程，能够让企业变得强大；事事顺利则让企业日渐疲软衰败。企业的历史，正是由这些对立的事实构成的。

"任何企业都是因为克服了危机，才有今天"，我相信，懂得这一事实，能为我们度过当前的危机提供勇气，也能帮助我们为日后可能发生的危机筑起一道防火墙。

第三个理由是没有绝对优秀的企业。前文也提到，本书聚焦于20家企业的案例，对"企业是如何战胜危机的"这一问题进行论述。但是，这并不代表本书中提及的这些企业的战略能超越时间与空间的限制，永远有效，也不代表这些企业总是很优秀。世界瞬息万变。一家企业即使在克服危机的"某一特定时期"推行了优秀的经营策略，也无法保证一定能妥善应对下一个危机。

我们看网络新闻和商业书的时候，到处都充斥着诸如"优秀的企业就是A公司！""21世纪的王者就是B公司！""今后C公司的商业模式才能胜出！"之类非常吸引眼球的言论。我认为，面对这些言论，我们有必要用辩证的眼光看待。既然世界是不断变化的，那么"在某个时间点表现得很优秀"和"将来也很优秀"就不是同一个层面的问题了。企业只是碰巧现在过得很顺利，并不代表这种状态能延续到未来。我们应该以"时间轴"和"变化"为前提对事物进行思考。

恕我直言，世界上并不存在绝对的优秀企业。无论什么企业，都时常置身于危机之中，其中有一些企业因为战胜了这些危机，所以暂时被认为是"优秀企业""一流企业"而已。由此看来，关注危机，可谓是学习企业的"优秀之处""一流之处"的有效手段。

综上所述，希望读者能理解，本书列举的这些度过企业危机的案例绝非别人的事，同时本书的意图既非单纯地赞赏成功度过危机的企业，也并非嘲讽那些未能度过危机的企业。危机时刻与我们为伴，因此，我们要怀着勇气，顽强地活下去。希望本书能助读者一臂之力。

在前言的最后，我想简单介绍这20家企业的筛选标准以及我的一些情况。

首先，在筛选这20家企业的时候，我将"现在仍然存在的

企业"和"大家都熟悉的企业"，以及"这个企业所面对的危机类型，对于正身处商业世界的企业和人来说，都是有可能要面对的"作为标准。

其次，在企业规模方面，除了大企业之外我也选取了中小企业，同时，也关注一些大企业在初创时期或中小规模时期发生的案例。

本书围绕这些企业，从"发生危机之前是怎样的""发生了怎样的危机""如何在危机中保存自身""如何转守为攻"这些角度进行说明。同时，在总结部分归纳了在这个企业的危机管理案例中能学到什么，以及陷入危机时应该反思的问题点。相信这些内容能作为自省清单，帮助读者避免陷入同样的危机。

本书中的数据均来源于截至2020年7月企业公布的官方资料以及媒体报道。如果读者想知道企业的更多信息，请查看引用来源的原始信息。不过，有些企业现在的名字与初创时期的名字有所不同，本书采用了大众更为熟悉的企业名。

最后，介绍一下我自己。我在2013年前后开始关注企业史，觉得非常有意思，我经常思考长远的经营眼光的重要性，以及过去的教训案例能否应用于现在的商业场景中。提到企业史，也许很多人都觉得非常枯燥、沉重，但是我们如果认真地翻看企业史，就会有很多意外收获。企业史中埋藏着无数适用于现代商业世界的智慧，记录了前人留下的脚印，对人们来说，企业史是历史和智慧，也是一个存放着优秀商业战略的宝库。

本书的部分内容来自我熟知的500家日本企业的企业史，同时我还将范围扩大至美国企业，选取了部分适合作为危机管理案例的企业事例。本书以"长期经营的观点"为主轴关注企业危机，相信能为读者完整地展示企业度过危机的历史，而不仅是企业事迹和各种数据（如业绩数据等）。

不过，本书介绍到的只是一小部分企业。如果读者想了解更多企业的危机、更多案例，请登录我运营的网站查阅。除了本书介绍的企业之外，网站上还记载了各种各样的企业案例，愿读者能从中获得启发。

那么事不宜迟，我们来看看这20家企业各自遭遇的危机，以及克服危机的方法吧。

目 录
CONTENTS

第二部分
如何战胜由灾害、纠纷、不可抗力引发的危机

第三部分
如何战胜由市场崩溃、客户消失、时代更迭引发的危机

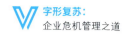

第一部分

如何战胜由战略失误、体制脆弱、职能缺失引发的危机

国际商业机器公司丨赛博艾坚特丨良品计划丨卡乐比丨欧姆龙

案例 01　国际商业机器公司

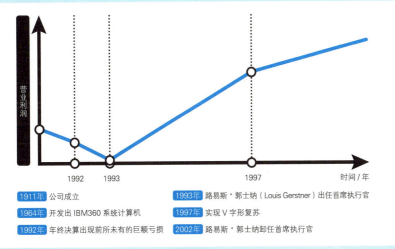

1911年 公司成立

1964年 开发出 IBM360 系统计算机

1992年 年终决算出现前所未有的巨额亏损

1993年 路易斯·郭士纳（Louis Gerstner）出任首席执行官

1997年 实现 V 字形复苏

2002年 路易斯·郭士纳卸任首席执行官

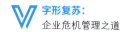

从制造型企业向服务型企业转型

20世纪60年代至80年代，国际商业机器公司（International Business Machines Corporation，IBM）是一个巨型垄断企业，在计算机行业中称霸，是计算机行业的代名词。20世纪80年代，IBM强大到被誉为"卓越企业[①]"。

1992年，IBM陷入经营危机，出现了49亿美元的巨额亏损。计算机市场急速扩大的同时，竞争日益激烈，IBM的垄断地位逐步动摇，微软公司、英特尔公司这些新一代计算机企业稳步地发展壮大起来。计算机行业的激烈竞争给"卓越企业"带来沉重打击，IBM转眼便陷入了岌岌可危的境地。

在本节，我们会看到IBM如何在发展迅猛的计算机市场中找到克服危机的突破口。本次危机管理的关键词是"经营愿景以后再说"。

[①] 20世纪80年代影响世界的畅销书《追求卓越》（*In Search of Excellence*）中，将IBM、索尼公司、通用电气公司（GE）等企业定义为"卓越企业"。

"卓越企业"IBM

20世纪80年代，美国有一本畅销书叫《追求卓越》（*In Search of Excellence*）[1]。这本书是由两名当时在麦肯锡公司任职的咨询师，从"超优良企业具备的条件"这一切入口对企业进行调查后编写而成的。经过周密的调查，他们对IBM赞赏有加，将其评为了世界卓越企业。

那么，IBM被评为"卓越企业"的理由是什么？因为20世纪60年代至70年代期间，IBM抓住各大企业开始使用计算机的机遇，发展了起来。

IBM的创立要追溯至1911年。从公司名可以联想到它当时的业务内容，就是以生产商业用机器为主。20世纪初期，计算机还没有面世，提到商业用机器就只有"会计机""计时器"等。IBM就是生产这些机器并将机器卖给其他企业，向客户提供"提高工作效率"的服务的公司。但是，当时的IBM只不过是一家小型初创企业[2]。

---

[1] 1989年9月25日发行的《日经商务周刊》报道称"第二次世界大战后，在经管类图书中，让日本企业管理者感悟最深的是《追求卓越》"。可见，这本书给当时的商界人士带来了非常大的影响。

[2] 20世纪50年代之前，商业用机器的主要制造商不是IBM，而是美国国家现金出纳机公司（NCR）。

IBM最开始被赞誉为"卓越企业"，是因为它在20世纪60年代对通用型计算机进行了巨额投资，于1964年推出了一款名为"360系统"（System/360）的通用型计算机。

20世纪60年代是计算机行业的朝阳时期，在半导体领域，集成电路（IC）开始普及，计算机价格也随之逐渐下降。IBM乘着集成电路普及的东风，开发出通用型计算机，一举占领市场。360系统计算机被引进金融机构，银行业务效率得到了提高，其薪酬计算等各种业务也因此实现大幅改善。这次成功使IBM一跃成为全球计算机行业的龙头企业，与美国大型通信企业美国电话电报公司（AT&T）并称为"两大巨人①"，让全球计算机企业望而生畏。

翻阅当时的《日经商务周刊》，里面刊载了《IBM的阴谋》《以完全占领先进信息通信领域为目标》等报道，可见当时的IBM被普遍认为是称霸计算机行业的巨头。正是这样，20世纪80年代的IBM是一个被咨询师和商界人士誉为"卓越企业"、被计算机行业的人们畏惧的存在。

"小型化"危机

集外界的赞誉与敬畏于一身的IBM，从20世纪80年代开始，

---

① 1982年，IBM与美国司法部就反垄断法达成和解。人们认为此后IBM的行业地位将更加稳固。

遭遇到两个不同阶段的危机。

第一阶段的危机是在IBM的利润来源——通用型计算机（大型计算机）领域中，IBM与日本计算机企业之间的竞争越来越激烈。

20世纪60年代，受IBM开发的360系统通用型计算机影响，日本的计算机企业陷入了焦虑。日立制作所、富士通公司、日本电气公司都认为，随着IBM通用型计算机在日本普及，它们自身的存在价值将会受到很大的冲击①。因此日本国内的计算机企业采取了防守策略，打算通过开发与IBM通用型计算机兼容的机器，防止日本市场完全被IBM占据，同时提高对通用型计算机的开发能力。

这一策略的实施取得了成效。20世纪80年代，日立制作所、富士通公司、日本电气公司蜕变成能够在通用型计算机领域与IBM抗衡的企业。到了20世纪80年代后期，在通用型计算机的硬件性能方面，日本计算机企业的产品与IBM的产品已相差无几，从前IBM的"买通用型计算机首选IBM"的垄断地位开始被撼动。

———————————

① 时任富士通公司董事长的小林大祐表示："也许今后将会从小公司开始逐步被淘汰，但我不愿接受这样的结局，所以我要赌上公司的命运，向IBM发起挑战。"

一旦各企业的通用型计算机的硬件性能不存在差异，自然就会引发通用型计算机的价格竞争，通用型计算机的利润率随之降低。20世纪80年代后期，由于IBM的大部分利润来自通用型计算机的硬件销售，因此IBM的利润率严重下滑①。

第二阶段的危机是随着计算机机体向小型化发展的趋势，通用型计算机市场走向萎缩。

其实20世纪60年代至70年代期间，IBM之所以能凭借通用型计算机称霸计算机行业，是因为当时计算机是非常昂贵的产品。当时半导体价格高昂且技术并不成熟，性能远不如现在。因此，只有"人人都知道的大企业"才会选择引进计算机，IBM的任务就是提供附加价值，提高大企业的事务性工作效率。当时人们用"黑西装、白衬衫"来形容IBM的员工，这也是因为IBM服务的大多数客户都是大企业。

但是，20世纪70年代，随着由微处理器组成的小型计算机逐步普及，计算机的小型化趋势愈发显著。不仅"微机"（微型计算机）、"工作站"等小型计算机具备与通用型计算机同样的性能，供个人使用的"个人机"（个人计算机）也开始普及。随着计算机逐渐小型化、低价化，其用户群体也从大企业扩大到中小

---

① 虽然IBM试图用知识产权等专利抵御日本计算机企业的竞争，但是仍然无法阻止日本计算机企业的崛起。

企业及个人。因此，计算机市场呈爆发式增长，达到了前所未有的规模。"IBM=计算机巨头"的等式就此崩溃①。

不仅如此，在IBM市场份额丢失的20世纪80年代，计算机行业中出现了IBM包围网。通用型计算机领域有日本计算机企业（如日立制作所、富士通公司、日本电气公司），操作系统领域有微软公司，微处理器领域有英特尔公司，微型计算机领域则有美国数字设备公司（DEC）。随着市场规模的扩大，从前被IBM垄断的计算机行业出现了细分市场。

第二阶段的危机对IBM产生的影响，以巨额亏损的方式暴露了出来。IBM1992年的年度决算报告显示，IBM出现了49亿美元的净亏损，陷入了十分危险的境地，甚至被讽刺为"濒临灭绝的恐龙""美国产业史上最大规模的赤字"。

被评为"卓越企业"后不到10年，IBM就遭遇了经营危机。那么，自那以后，IBM是如何在危险的境地中保全自身，度过这一经营危机的呢？

---

① 1981年IBM也进军个人计算机市场并占有了一定份额，但是个人计算机市场最关键的利润都流向了微软公司、英特尔公司等行业内的主要企业。

全力解决迫在眉睫的课题

为了重整陷入经营危机的IBM，路易斯·郭士纳①出任首席执行官（CEO）。路易斯·郭士纳曾在麦肯锡公司任职，并以首席执行官身份参与大型食品和烟草制造商雷诺兹-纳贝斯克②（RJR Nabisco）的重整工作，是一位公认的企业重整专家。虽然路易斯·郭士纳以前从未涉足计算机行业，但是过去的成功案例使他的能力得到了IBM的肯定，他被聘任为IBM的首席执行官。在此之前，IBM的首席执行官都是由晋升的公司内部人员担任的，因此从公司外部聘任的职业经理人路易斯·郭士纳显得非常特殊。

为了重整公司，路易斯·郭士纳首先采取的"止血"措施是调整组织架构。当时IBM最迫在眉睫的问题是公司已经失去了通用型计算机这一摇钱树，而员工数量和组织架构都是以销售通用型计算机为前提制定的。同时，IBM一直以来主张的都是"终身雇

---

① 路易斯·郭士纳：1942年生于美国纽约州，1965年在哈佛大学商学院获得管理学硕士学位后，进入麦肯锡公司，1978年在美国运通公司任职，1989年在雷诺兹-纳贝斯克担任董事长兼首席执行官，1993年在IBM担任董事长兼首席执行官。

② 雷诺兹-纳贝斯克：由美国老牌食品生产商标准品牌公司（Standard Brands）、纳贝斯克公司（Nabisco）与美国两大烟草商之一的RJR公司合并而成。——译者注

佣①"的经营方针，因此出现了管理部门人员过剩的现象，导致人力成本在公司经营费用中占比过高，对公司造成沉重负担。为了改变这一现状，路易斯·郭士纳放弃了终身雇佣这个IBM的传统雇佣方式，决定裁员。1991年，IBM的员工人数是34.4万人，4年后即1995年IBM的员工人数下降至21.9万人，很多员工离开了IBM（见图1-1）。结果，IBM止住了血，在1994年之前成功扭亏为盈。

图1-1 IBM全职正式员工人数的变化

在路易斯·郭士纳担任IBM的首席执行官期间，媒体曾多次问他"有什么经营愿景"，据说他每次都拒绝回答，只说"没有这个东西"。当时行业有个惯例，管理者就任首席执行官时都会提出自己的经营愿景，但是路易斯·郭士纳不同，比起提出经营

---

① 直到20世纪80年代，IBM一直是美国企业中少有的主张终身雇佣的企业。

愿景，他优先进行了"止血"。此外，他就任后也没有马上发布新的战略。据说，他这样做的目的是不希望员工误以为"新战略能拯救公司"。

路易斯·郭士纳上任后2年内都没有提及过经营愿景和战略，仅仅专注于为公司"止血"。就是这样，他成功将IBM重整为一家能够获得利润的企业。

将重心从生产转移到服务

成功"止血"之后，路易斯·郭士纳决定将IBM的业务从硬件销售转移到服务。

1990年，IBM的营业收入中，服务带来的收入仅占6％，绝大部分收入来自硬件销售。但是，"硬件销售不赚钱"是IBM陷入经营危机的根本原因，因此路易斯·郭士纳决定转变经营方针，将硬件销售在总营业收入中的占比降下来。

新的经营方针符合时代潮流。因为20世纪90年代互联网开始普及，软件也开始变得多样化，所以市场对系统开发专家的需求与日俱增。过去，大型企业用的系统都是由企业内部的信息系统部门自主开发的。但随着互联网的普及，人们进入了软件交易的时代，企业中开始出现放弃自主开发、购买现成软件的潮流。这样一来，企业就要解决"应该安装什么软件"这个问题，而针对这一问题提供咨询服务的正是IBM。

IBM开始以专家身份向客户提供建议。IBM转型为服务型企业的业务模式，跟过去IBM的业务模式有很大差异。其中最大的变化是以往只对客户推销自己公司的产品，现在要同时向客户推荐业内其他公司的产品。过去公司内部形成了一种价值观，认为"自己公司的产品是行业内最好的"，但现在这种观念发生了变化，"只要是好产品，即使来自其他公司，也要向客户积极推荐"。

因此，IBM的变革也是对自身企业文化的一次革新。尽管如此，路易斯·郭士纳倡导"只有IBM能够将所有元素整合在一起"的观点，始终坚定推进业务模式的转变，向客户推荐真正能满足其需求的产品，并不仅限于自己公司的产品。IBM的这种服务在全世界受到广泛认可，很多客户花钱购买IBM的服务。IBM始终坚持倾听客户的声音，据说路易斯·郭士纳本人也将40％的工作时间用于回应客户的咨询。IBM的变革涉及改写企业文化，这是很困难的，但是在公司高层的带动下，公司上下逐渐形成了"客户需求优先"的企业文化。

就是这样，IBM成功实现复活。IBM1996年的年报显示，营业收入为759亿美元，税前利润为85亿美元。服务部门的营业收入也从1992年的73亿美元快速提升至1996年的158亿美元。IBM向服

务型企业的转型也体现在了业绩上。据说在1997年4月29日举行的IBM股东大会上，短短数年便完成了企业重整工作的路易斯·郭士纳获得了满堂掌声。在路易斯·郭士纳自上而下的管理体制改革下，IBM从销售硬件的企业摇身一变成为销售服务的企业，从曾经被讽刺为"濒临灭绝的恐龙"的危机中成功脱身。

总结 | 经营愿景和梦想不能当饭吃

人们通常认为，企业的经营愿景和战略，以及员工个人的职业路线是确保发展路径不偏离正确方向的重要法宝。制定企业经营愿景、职业路线固然重要，但是更重要的是在何时、以何种形式公布出来。那么，应该在什么样的时机下公布重要的经营愿景、战略、经营方针呢？

应该在企业的正常经营时期、成长期公布经营愿景和战略。企业在事业顺利发展的时候公布重大经营方针能够提升士气，可以让业务开展得更加顺利。对于企业来说，制定企业经营愿景能够增强团队凝聚力；对于个人来说，制定职业路线能够带来持续前进的动力。

但是，当企业陷入了财务危机的时候，又应该怎么做？站在企业管理者的立场，为了使陷入危机的团队能够统一步调向前走，人们可能会选择谈论经营愿景和战略。然而，从业务一线员工的角度来看，面对这种局面，最没用的就是经营愿景和战略了。尤其对于像IBM这样出现巨额亏损的企业来说，现金比什么都重要。如果没有现金，沦落到倒闭只是时间的问题。陷入财务危机的企业根本没有闲情逸致去谈论经营愿景、战略这些虚话。

为了度过危机，企业首先应该做什么？管理者和商务人士都应该具备能够正确回答这一问题的能力。企业陷入财务危机时，首要工作并非提出经营愿景或战略，在采取应急措施成功"止血"之后，经营愿景和战略才可能发挥作用。

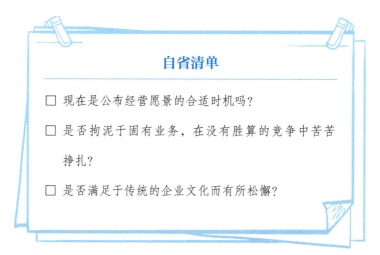

自省清单

☐ 现在是公布经营愿景的合适时机吗？

☐ 是否拘泥于固有业务，在没有胜算的竞争中苦苦挣扎？

☐ 是否满足于传统的企业文化而有所松懈？

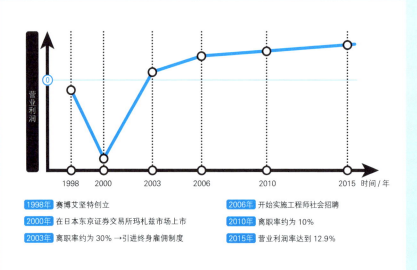

营业利润

| 1998 | 2000 | 2003 | 2006 | 2010 | 2015 | 时间 / 年 |

1998年 赛博艾坚特创立

2000年 在日本东京证券交易所玛札兹市场上市

2003年 离职率约为30% →引进终身雇佣制度

2006年 开始实施工程师社会招聘

2010年 离职率约为10%

2015年 营业利润率达到12.9%

解决由急速成长引起的矛盾与人才流失问题

赛博艾坚特（CyberAgent）是一家总部位于东京涩谷的互联网企业。该公司是一家备受瞩目的小型创业公司，在2000年3月成功上市时被人们称为"新一代网络创业公司的先驱"。赛博艾坚特上市后经过20年的发展，到2019年9月底，其员工人数达到5 139名，逐步蜕变成为日本的代表性企业。

乍看其发展历程一帆风顺，其实赛博艾坚特也经历了跌宕起伏。互联网泡沫在2000年3月13日开始破灭后的几年时间内，赛博艾坚特出现了"离职率高达30％"的问题，人才流失导致公司陷入了组织架构崩塌的危机。那么，赛博艾坚特是如何克服人才流失的危机，持续发展壮大的呢？本节我以"温故知新"为关键词，分析赛博艾坚特的危机管理案例。

一夜之间收获225亿日元的26岁年轻人

赛博艾坚特的历史要从1998年说起。当年24岁在广告公司从事销售工作的藤田晋决定创业，他在东京港区创立了赛博艾坚

特。当时互联网正逐渐普及，赛博艾坚特以广告代理为主业，专门投放网络横幅广告[①]。

　　赛博艾坚特在创立之初便因为赶上了互联网浪潮而备受关注。1999年到2000年，日本人普遍认同互联网可以改变世界，哪怕只是跟互联网沾边的企业，其股价都上涨到了不可思议的价格。当时，软银集团（Softbank）的市值是19万亿日元，光通信集团（Hikari Tsushin）的市值也同样创下历史新高，达到7.4万亿日元，还有日本乐天集团（Rakuten）在创立4年后就成功上市等，不断涌现出一夜暴富的创业者。

　　赛博艾坚特于2000年3月成功登陆东京证券交易所玛札兹市场[②]（MOTHERS）。此时，藤田晋只有26岁，创下了日本当时"史上最年轻的上市公司负责人"的纪录。上市后不久，2000年9月的报表显示，赛博艾坚特的营业收入为32亿日元，但营业利润为亏损16亿日元，距离赢利还有很长的距离。不过，投资者非常看好赛博艾坚特，认为它是新一代网络创业公司的先驱，所以当

---

① 创业初期的赛博艾坚特是一家广告代理公司。值得关注的是，当时该公司将广告传播的关键技术全部外包出去，是一家技术背景单薄的企业。

② 玛札兹市场相当于国内的创业板。——译者注

时公司以"每股1 520日元"的超高发行价成功上市①。

成功上市后募集了大量资金的赛博艾坚特将办公室搬迁至东京涩谷一栋新落成的写字楼"涩谷Mark City"。就是这样,赛博艾坚特借着互联网高速发展的势头,写下了一段让人为之震撼的成功故事。

当时的《日经商务周刊》将藤田晋称为"拥有百亿日元资产的青年富豪",记者在报道中写道:"日本现在也开始有这样的成功故事出现了——年轻人创立公司后不久便因公司成功上市一夜暴富。"

互联网泡沫终结,离职率高达30%

然而,互联网泡沫在2000年4月17日突然破灭。以这一天为分界线,互联网企业的股价相继下跌。软银集团的股价下跌到此前的百分之一,光通信集团则连续20天跌停。此前人们赞不绝口的舆论风向突然转变,备受吹捧的创业者们陷入了绝境。

刚上市不久的赛博艾坚特也不例外。截至2000年12月末,其股价为46万日元,只有发行价1 520万日元的三十分之一,陷入了

① 赛博艾坚特在上市前保有的现金等价物及短期有价证券总额为1.8亿日元,上市后上涨至184亿日元。该企业在创立后2年便获得了几百亿日元的资金,互联网浪潮的威力可见一斑。

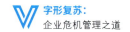

低迷。"数位谷"①这个词瞬间销声匿迹，许多创业者和投资者都不得不承认互联网泡沫破灭。

不仅如此，赛博艾坚特在互联网泡沫破灭后不久，又遭遇到另一个难题，那就是人才流失。在互联网的高速发展期，很多年轻人沉浸于互联网，他们跳槽到赛博艾坚特，梦想闯一番事业②。但是在互联网泡沫破灭后，业界失去了发展势头，从梦境中清醒过来的员工们相继离开了赛博艾坚特③。互联网泡沫破灭后的2000年至2003年，赛博艾坚特的离职率高达约30％。员工频繁更替，据说职场氛围也很差。

"离职率30％"不仅意味着赛博艾坚特的发展势头被削弱，还预示着行业竞争增加了。当时的赛博艾坚特以网络广告代理为支柱事业，业务的属人性④很强。因此，人才流失意味着项目策划等业务技能的流失，甚至是公司内部无形资产的流失。也就是说，赛博艾坚特的离职率居高不下，不仅阻碍着自身的长期发

---

① 互联网的高速发展时期，创业者集中在涩谷，所以仿照硅谷的说法，将其称为"数位谷"。

② 不少人从大型商社（大型跨国公司）、大型广告公司跳槽到赛博艾坚特。

③ 截至2000年9月，员工人数为143名，平均年龄为26.6岁，平均年收入为629万日元，但是平均在职时间只有7个月。

④ 即属于人的因素。——译者注

展，还导致产生了"给敌人送盐[①]"的状况。

于是，为了降低离职率，藤田晋实施激励机制，向员工发放股票期权，想用钱留住员工。然而很多员工在出售股份后离职，这一措施反而导致离职率上升。面对居高不下的离职率，当时藤田晋感到了非常强烈的危机感。在后来的采访中，他表示当时感到这样下去是不行的[②]，被逼到一个无论如何都要设法降低离职率的境地。

以互联网泡沫在2000年3月13日开始破灭为分界线，赛博艾坚特从"新一代网络创业公司的先驱"转眼便陷入了"离职率30%"的经营危机。那么，赛博艾坚特是如何克服离职率高的危机的呢？

引进传统制度，加强防御

"离职率30%"这一危机的突破口，在于一项与互联网产业看似毫无联系的传统制度上。

首先，赛博艾坚特在2003年宣布要引进终身雇佣制度。

[①] 日本谚语，来自战国名将上杉谦信帮助自己的宿敌武田信玄运送食盐的典故。——译者注

[②] 出自《藤田晋为何执着于降低离职率》（出自2006年11月发行的《日经创投》）。

终身雇佣制度是第二次世界大战后日本常见的雇佣形式，而在"欧美各国推崇的实力至上主义才是21世纪的主流，终身雇佣已经落伍"的社会思潮之下，这家走在时代前沿的互联网企业竟然宣布要引进终身雇佣制度，这一举措让员工也为之震惊。

藤田晋引进终身雇佣制度的目的是希望借此改善居高不下的离职率。他希望通过引进终身雇佣制度向社会传递公司对员工的重视，试图通过这一举措在公司与员工之间建立信任关系。

不仅如此，赛博艾坚特随后还迅速引进了其他传统制度。藤田晋通过一个名叫"在涩谷上班的董事长日记"的博客，努力向公司内外发声。此外，公司还举办了上千人规模的隆重的员工大会等，构建起提高员工归属感的机制①。

这些措施，其实跟昭和时代日本企业通过"发行公司内部刊物""举办员工旅游"等来加深公司与员工之间的信任关系的做法，在本质上是一样的。同时，赛博艾坚特还提高了员工的福利待遇。其中一项措施是"两个地铁站原则"：如果员工住在距离公司两个地铁站范围内，每个月可以获得3万日元的补贴。这一措施的本质跟过去的日本企业通过"公司住宅制度"向员工提供丰厚的福利待遇是一样的。

---

① 2010年，单次员工大会耗资1 000万~1 500万日元。

此外，对于新入职的大学毕业生，赛博艾坚特开出月薪34万日元（2007年的水平，采用年薪制）的条件。当时事务岗位和技术岗位（包括设计岗位）的月薪在20万日元左右。赛博艾坚特因为提供明显高于当时大学毕业生平均首年工资的薪酬，受到了正在求职的大学毕业生的广泛关注。由于新入职的大学毕业生也能享受"两个地铁站原则"等员工福利，因此大学生都觉得赛博艾坚特是一家无微不至的公司，从而该公司在校招市场上取得了优势地位。

推出以上措施后，赛博艾坚特的离职率发生了怎样的变化？前文提到，其2003年的离职率约为30%，到了2006年下降到15%左右，到了2010年则为10%左右，逐年稳步下降（见图1-2）。就是这样，该公司成功阻止了人才的进一步流失。同时，公司内部的职场氛围也得到了改善。为了防止员工离职，公司内成功建立起员工相互合作的企业文化。

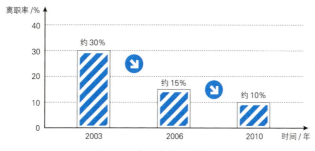

图1-2　离职率的变化情况

就此，危机的其中一个方面——人才流失得到了缓解。但这只不过是在应对互联网泡沫破灭导致的危机时采取的防守策略。如果赛博艾坚特要想从根本上度过危机，实现企业成长，进攻策略不可或缺。

那么，赛博艾坚特是如何转守为攻的呢？

技术转型策略

如果仔细研读赛博艾坚特过去的年报，我们就会发现一件有意思的事情。那就是工程师（包括设计类工程师）员工人数占员工总人数的比例从2011年开始急速提高。2009年，赛博艾坚特中工程师员工人数占员工总人数的比例只有10％，但是在5年后的2014年，工程师员工人数占员工总人数的比例上升到了47％。从这组数据可以得知，赛博艾坚特在短时间内从一家广告代理公司迅速转型为广告代理及网络技术公司。

其实大量招聘工程师这一举动，正是赛博艾坚特转守为攻的关键一招。

这要从公司提供的博客服务"阿米巴（Ameba）博客"频繁出现故障开始说起。赛博艾坚特从2004年开始提供这项服务，虽然网站点击量顺利提升，但是网站存在一个问题。很多当红明星在该网站开设个人博客，2006年时每月页面浏览量估算达到5亿次，但因为系统没有能力处理这么巨大的点击量，经常出现访问故障（服务器故障）[1]，而故障期间无法获得广告收入，这变成了公司内部的一大问题。

其实，会发生这样的系统故障，根本原因在于阿米巴博客的系统并不是赛博艾坚特自主开发的。该系统由外部供应商设计而成，赛博艾坚特并没有系统开发专家。因此，阿米巴博客的一些低级技术问题[2]都被忽视了。

面对这一问题，藤田晋决定自己掏钱招聘工程师，重新设计一个能够处理更多点击量的系统。对系统进行改良的结果是2009年7月，阿米巴博客的每月页面浏览量达到了100亿次[3]。2015年实现了108亿日元的年度广告收入，该服务发展成为公司最赚钱的业务。

阿米巴博客取得成功后，风头正盛的藤田晋正式宣布"赛博艾坚特要进行技术转型"，并开始推进技术类业务。赛博艾坚特

---

[1] 主要是数据库的设计上存在问题。

[2] 阿米巴博客的系统中没有分散访问负荷的结构设计，遇到大量点击时，无法在短时间内进行处理。也就是说，数据库完全以一个反面模式的、与最佳配置相距甚远的状态，上线运营了好几年。

[3] 每月页面浏览量达到100亿次的时候，藤田晋回忆道："花了5年才走到这里，老实说我觉得太晚了。经历过无数次失败，有太多值得反省的地方了。"

于2009年开始开展游戏业务，2011年开始开展广告技术业务，作为一家技术型企业，其业务基础得到了强化。

随后，2011年公司将"面向智能手机转变服务"定为最重要的经营课题，开始大量招聘工程师[1]。当时正是智能手机开始普及的时候，市面上不断出现与之相关的新服务。赛博艾坚特抓住了这个时机，开始自主开发相关技术。一个接一个地开发智能手机游戏等应用程序，并快速进行改良完善，提高了出现爆款产品的概率。

在这次面向智能手机的转型中，赛博艾坚特培育起来的传统制度发挥了作用。2008年，赛博艾坚特迎来了第一批校园招聘的工程师，传统制度帮助公司留住了这些人才。到了2011年"面向智能手机转变服务"的关键时期，他们已经成长为能够独当一面的工程师。

其他公司看到智能手机市场快速发展，想方设法从零开始引进炙手可热的工程师时，赛博艾坚特得益于自身的传统制度这一利器，在这场各家公司争夺智能手机应用工程师的竞争中处于优势地位，将机会成本降到了最低。

---

[1] 当时赛博艾坚特的大部分营业收入来自面向旧式手机的服务。藤田晋曾表示当时决定面向智能手机转变服务时"其实非常害怕"（出自2014年3月20日发行的《日经计算机》）。

就是这样，新事业刚开始不久，经历过互联网泡沫破灭洗礼的赛博艾坚特在这几年间以技术型企业的定位实现了快速发展。

赛博艾坚特最终成功蜕变成为技术型企业，截至2014年9月，该公司包括关联公司在内的员工总人数为3 059人①，其中技术岗位员工人数占员工总人数的比例为47%（见表1-1）。同年9月的决算数据显示，赛博艾坚特实现营业收入2 052亿日元，营业利润222亿日元，成为一家高收益企业。

表1-1　员工人数的变化情况

决算期	员工人数/人		平均年龄/岁	平均工资/万日元	平均在职年数/年	技术岗位比例/%	校招员工比例/%
	集团	总公司	总公司	总公司	总公司	总公司	总公司
1999年9月	——	26	——	——	——	——	——
2000年9月	143	113	26	629	0.7	——	——
2005年9月	1 184	568	28.1	549	1.6	——	——
2009年9月	2 036	760	28.9	578	3.4	10	——

---

① 2014年，包括业务委托人员（短期聘用）在内，赛博艾坚特共有约3 000名在职开发人员。

续表

决算期	员工人数/人		平均年龄/岁	平均工资/万日元	平均在职年数/年	技术岗位比例/%	校招员工比例/%
	集团	总公司	总公司	总公司	总公司	总公司	总公司
2014年9月	3 059	1 653	30.7	720	4.1	47	48
2019年9月	5 139	1 589	32.6	681	5.4	34	41

注：技术岗位中包括设计岗位。

由此，赛博艾坚特凭借传统制度加强了防守，又通过技术转型这一进攻策略，蜕变成为一家日本的代表性互联网企业。

总结 | 创业、面对新挑战的时候更要"温故知新"

在日新月异的商业世界，"怎么做才合适？"这个问题的答案时刻在变化。陷入旋涡的人可能会认为从过去的事例中学习只是浪费时间，尤其是创业公司经营者的这种思维更加明显。但是，即使商业环境发生变化，技术在进步，身处其中的人类的本性却不会随着时代而改变。而组织是由人组成的，因此，在思考如何运营一个组织时，温故知新是非常有效的。

身处互联网这个朝阳行业的赛博艾坚特宣布引进终身雇佣制度，就是温故知新的典型案例。无论是过去还是现在，在市场爆发性成长的过程中，能否降低工程师等关键岗位人员的离职率，直接关系到企业的发展。在其他公司纷纷争夺工程师的卖方市场里，企业负责人提出"终身雇佣"这个乍看有点过时的条件，反而可能成为防止组织内部崩塌的屏障。

从过去的数据中我们可以得知，处于经济高速增长期[①]的日本企业也同样苦于工程师的离职问题。根据1982年11月29日发行的《日经商务周刊》，在一项面向工程师（最高学历为大学毕业及以上，参与人数为1 421名）的问卷调查中，回答"视情况可能跳槽"的比例分别是29岁以下为57.6%，30~34岁为54.5%。无论是过去还是现在，在市场的成长期，工程师选择"跳槽去条件更好的公司"这个行为是不变的，因此成长中的企业提出"终身雇佣"的条件，可能是一个有效手段。

所以，"终身雇佣已经过时"这样的言论对于方兴未艾的行业来说是一个巨大的谎言。赛博艾坚特能够实现持续发展的一大理由，就是识破了这个谎言。

各位，在面对"××已经过时了！"这种言论的时候，一定要仔细思考和观察，因为其中可能隐藏着其他人注意不到的某种启示。

---

① 指第二次世界大战后，1955—1973年日本经济持续高速发展的时期。——译者注

自省清单

□ 是否不加思考地批判旧制度？

□ 是否思考过"过时的××"之中可能存在某种启示？

□ 能否洞察到"人类的行动不因时代而变化"这一点？

案例 03　良品计划

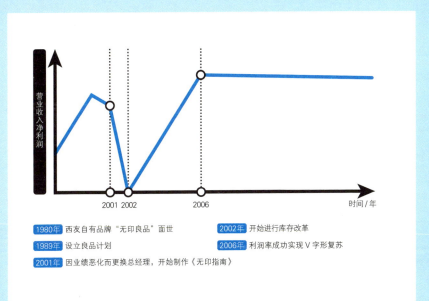

营业收入/净利润（纵轴）　时间/年（横轴）

2001　2002　2006

- 1980年　西友自有品牌"无印良品"面世
- 1989年　设立良品计划
- 2001年　因业绩恶化而更换总经理，开始制作《无印指南》
- 2002年　开始进行库存改革
- 2006年　利润率成功实现V字形复苏

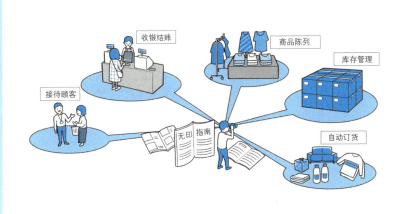

接待顾客　收银结账　商品陈列　库存管理　无印指南　自动订货

革新被过往成功经验束缚住的企业文化

株式会社良品计划（Ryohin Keikaku）是日本无印良品的母公司。无印良品将大部分店铺开设在大型商业设施中，店内陈列着以自然清新为基调的产品。相信各位读者听到无印良品这个名字，就会浮现出"那家产品风格简洁的商店"的印象吧。

如今无印良品在市场上拥有了一席之地，但其实在2000年前后，公司处于非常困难的境况。当时，无印良品不得不将堆积如山的库存产品烧毁，还被财经媒体毫不留情地批评："良品计划陶醉于'无印神话'，过度开设店铺，产品质量很差。"

良品计划陷入困境的原因，简单来说就是公司变得骄傲自满。20世纪90年代，良品计划实现收入利润双提升，被吹捧为"无印神话"。此后公司的内部管理愈发松散，进入21世纪，市场上涌现出优衣库、宜得利（Nitori）、大创（Daiso）等专卖店，无印良品很快便沦为一家不受欢迎的杂货店。

那么，良品计划是如何度过组织管理松散这一危机的呢？本节将从"摆脱过去的成功经验"这一角度出发，一探究竟。

凌驾于知名母公司之上的初创公司——良品计划

无印良品的历史从1980年开始。面对逐步走向泡沫经济的日本消费社会[①]，大型连锁超市西友反其道而行，创立了名叫"无印良品"的自有品牌。这就是无印良品历史的开端。

当时的消费者只有两类产品可以选择，一类是百货商店销售的价格高昂且质量很好的产品，另一类是超市销售的价格便宜但质量不太好的产品。优衣库、宜得利、大创[②]等零售商店的知名度还很低，"质优价廉的产品[③]"这个概念尚未在市场上普及。

在这样的时代下，无印良品使用的广告词是"有理由的便宜"。虽然售价便宜，但自然清新的包装风格让人不觉得廉价。无印良品就是这样成功打造出了一个具有独特气质的自有品牌，它的服装、加工食品、日用杂货得到了众多消费者的支持。

20世纪80年代前期，无印良品的营业收入得到了大幅提升。

[①] 日本泡沫经济是日本在20世纪80年代后期到20世纪90年代初期出现的经济现象。——译者注

[②] 20世纪80年代，优衣库和宜得利尚未进军东京市场，优衣库以山口县为据点，宜得利则以北海道为主开展地区零售业务。

[③] 20世纪90年代以后，在东南亚国家的生产技术水平提高的背景之下，"质优价廉的产品"这一概念成为主流。但是当时东南亚国家的生产技术还不成熟。

西友的无印良品事业，从产品发售开始仅过去5年时间，即1985年就发展到年营业收入150亿日元的规模。然而，在20世纪80年代后期，无印良品事业突然陷入了困局，业绩停滞不前。事业规模不断扩大的同时，无印良品在诸如库存管理、订货管理等关键环节中存在的问题逐渐显露出来，这些都变成了阻碍公司继续扩大的瓶颈。

在此境况下，西友于1989年将无印良品事业从母公司分离出来，成立株式会社良品计划，将无印良品作为一个独立的子公司来进行业务重整。也就是说，良品计划以一个大型企业旗下的创业公司的形式，开始了自己的历史。良品计划在独立初期，由西友向良品计划派驻员工负责公司内部管理。但是，当时西友的员工认为"被派驻去良品计划"意味着降职[1]。比如，2001年担任良品计划社长的松井忠三是在1991年被西友派驻到良品计划的，他说当时接到调令的时候内心非常失落[2]。对于当时的西友员工来说，良品计划是一家底细不清的初创企业，被调动到那里意味着

---

[1]　母公司西友是一家年营业收入高达1万亿日元（引自1990年2月的报表）的超市巨头，但是良品计划的年营业收入只有大约263亿日元（引自1992年2月的报表）。

[2]　松井忠三在自传《解密无印良品》中表示："我从西友被调任到无印良品，是降职。"

要面对一条充满荆棘的艰辛之路。

不过对于那些害怕被降职的员工来说，接下来剧情的发展让人意外。

自那以后，良品计划的业绩顺利恢复，于1995年成功上市。然而西友则在1996年2月的年度决算中出现亏损，后来也多次出现亏损（见图1-3）。

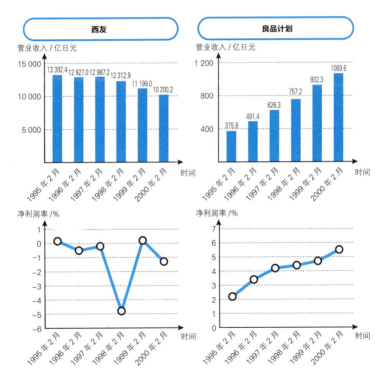

图1-3　1995—2000年西友与良品计划的业绩

在泡沫经济崩溃后，消费者对质优价廉的产品的需求日益提升，无印良品顺理成章地得到了消费者的青睐。与之相反，连锁超市却无法实现差异化，被消费者认为是陈列着一成不变的廉价产品的地方。

就是这样，母公司走向没落，但当年被降职的员工所在的子公司却实现了快速发展[①]。

业绩顺利增长的良品计划，被赞誉为"无印神话"。在泡沫经济崩溃后百货商店、超市纷纷陷入困境的时候，只有良品计划一家企业屹立不倒。在上市前夕的1995年2月财年[②]，良品计划的营业收入只有369亿日元；到了2000年2月财年，其营业收入上升至1 054亿日元，成功跻身千亿日元规模的企业行列。

一帆风顺地实现了收入与利润双提升的良品计划，实际上已经潜藏着危机。这是因为本节最开始提到的组织管理松散问题已经越来越严重了。

[①] 西友难以作为独立企业继续运营，于2002年与沃尔玛开展业务合作。2008年，西友被沃尔玛收购为全资子公司。

[②] 日本的财年是指当年的4月1日至次年的3月31日，公司可根据自身情况决定会计期间的起始月份。此处"1995年2月财年"指1994年3月至1995年2月的1994财年。下文关于财年的表述作相同处理。——译者注

"季节企业文化"侵蚀了良品计划的企业组织

良品计划从设立之初就一直背负着看不见的债务，那就是植根于其企业组织内部的"季节企业文化"。

良品计划的母公司西友是季节集团（SAISON）的核心企业之一。季节集团是一个以西武百货店为核心的具有独特个性的企业集团，其经营者堤清二作风专断，以自上而下的方式进行企业管理。除了良品计划之外，巴而可百货（PARCO）、生活杂货店LoFt等企业也是季节集团的成员，这些企业也都继承了"季节企业文化"。"季节企业文化"最大的特征是发挥人的感性，这一经营方针在泡沫经济时期被人们称为"感性经营"。

在季节集团推出全新品牌概念的阶段，"感性经营"最能发挥功效。这是一种在从无到有的阶段尤其能发挥出巨大威力的经营手法，它就像一种内生动力一般，在季节集团中孕育出了前面提到的那些具备全新概念的企业①。

然而，在打造全新品牌概念和创业的阶段堪称标准答案的"感性经营"，在培养既有品牌发展壮大的阶段却会带来巨大的危害。一般来说，企业在"从有到大"的阶段，必须脚踏实地做好业务改善工作，例如做好产品库存管理、制定店铺管理规则

---

① 巴而可百货是由增田通二这位拥有卓越才华的经营者打造出来的。

等。但是传承了"感性经营"文化的季节集团子公司，往往在"从有到大"的阶段仍然强调感性。

仅在良品计划一家企业身上，就能看到很多反映出"季节企业文化"弊端的事例。例如，据说以前在良品计划，就连事业部负责人也难以清晰掌握产品销量。正因为良品计划过于重视感性，疏于引进销售点管理系统（POS）等管理工具，才导致连经营层都无法掌握营业收入、库存、产品开发成本等基本业绩数据[①]。另外，在店铺布局等管理经验方面，良品计划也继承了"季节企业文化"。例如在新店开业时，某位负责人确定的卖场布局会因为另一位负责人的个人意见而朝令夕改。店铺运营完全依赖于每一位负责人的个人判断，管理经验无法沉淀，难以积累起良品计划自己的知识与经验。

不仅如此，20世纪90年代后期的良品计划，因为"超越了母公司西友"而产生的一种骄傲自满的情绪在公司内部蔓延。当时，宜得利、优衣库等竞争对手开始崭露头角，有客户提议说"宜得利的这款产品销路非常好，不如无印也生产这个吧"，但良品计划的员工无视市场的变化而回绝了建议，表示"无印的产品现在就卖得很好，不需要改变"。

---

① 据说在20世纪90年代，良品计划的经营层教育员工"不准使用'概念''感性'等定义不明确的词语，要用清晰的数字进行汇报"。

在良品计划原地踏步的时候，优衣库、宜得利等专卖店逐步壮大了起来[①]。尤其是优衣库，凭借着"开店快、质量好、价格低"这个在当时的服装行业被认为不可思议的策略，转眼便获得了消费者的肯定。与"感性经营"正好相反，优衣库贯彻"指标式经营"，以通过销售信息管理系统等收集到的数据为基础，制订生产计划及定价策略，在"从有到大"的阶段迅速实现了赶超，堪称经典经营案例。

因为无法挥别过去由"感性经营"带来的成功经验，良品计划在2000年2月的年度决算报告中公布了收益下滑的结果。这家处于快速成长阶段的企业出现收益下滑的问题，对市场带来巨大冲击，良品计划股价暴跌，从1999年年底的20 000多日元跌至2000年3月的3 000多日元，时任社长为承担经营责任引咎辞职。当时《日经商务周刊》对良品计划的评价可谓一落千丈，断言道："'无印神话'已然破灭[②]。"

那么，在走投无路的危急时刻，良品计划在哪里找到了突破口呢？

[①] 优衣库于1998年在原宿开设新店铺，正式进军东京。宜得利也于2000年增设关东物流中心，正式开始在首都圈铺设门店。

[②] 出自2001年2月26日发行的《日经商务周刊》。

挖出潜藏在表层问题中的真正原因

接替因业绩恶化而辞职的前任社长，出任良品计划新一任社长的就是前文中提到的松井忠三。不过，初来乍到的松井忠三也并不清楚问题出在哪里，为了了解情况，他开始在各店铺巡回，调研一线的情况。

随后，他逐渐注意到"店铺脏乱"这一点[①]。这里所说的"店铺脏乱"并不是指"没有打扫卫生"。"脏乱"是指减价促销产品摆放得杂乱无章，为了消化卖剩下的库存产品，各家店铺都非常积极地开展减价促销。这个问题在服装卖场尤为突出，店铺工作人员越是积极想要消化卖剩下的产品，卖场的观感就越恶劣、越脏乱。

松井忠三由此判断问题出在存货上，决定对卖剩下的产品进行处理。实际上，如果按售价计算，这次处理掉的库存产品价值100亿日元。公司在账务上将这次库存处理计提为38亿日元的非经常性损失[②]，这是为了改善产品循环，防止业绩进一步恶化的"止血"措施。在处理服装等部分产品时，公司特地安排在相关负责

[①] 维持店铺清洁的重要性，可参考本书"日本麦当劳"案例部分。

[②] 指公司发生的与经营业务无直接关系，以及虽与经营业务相关但由于其性质、金额或发生频率，影响了真实、公允地反映公司正常赢利能力的各项收入、支出。——译者注

人面前进行烧毁。这样做的目的是让负责人看着自己花了很多心思策划出来的产品被烧毁，从而改变他们的意识。

但是，通过烧毁新产品的存货，是否真的成功改变了一线员工的意识？答案是否定的。通过烧毁库存的措施虽然暂时解决了"店铺杂乱无章"的问题，但是到了第二年，存货依旧越积越多[1]。也就是说"有存货"只是问题的表象，根源在于"现有机制导致不断出现存货"。在采取清库存这一应急防御措施的同时，"现有机制导致不断出现存货"这个新问题也逐渐浮现了出来。

除了清库存，良品计划还采取了另外一项"止血措施"，那就是关闭在日本和其他国家业绩不佳的店铺。其他国家店铺的问题尤为突出。20世纪90年代，良品计划进军欧洲市场，在英国、法国等地开设店铺，无印良品这个品牌在一定程度上得到了当地顾客的支持。但是，"季节企业文化"的消极影响再一次出现了[2]。草率的店铺开设计划也是"季节企业文化"的特点之一。例如，在良品计划的母公司西友里，负责开店策划的一线员工为了在客流量最大的黄金地段开设店铺，将故意夸大营业收入的策划材料拿到董事会上审议，这样的行为屡见不鲜。根据虚高的营业

---

[1] 据说当时库存问题得不到根治，让松井忠三十分失望。

[2] 2020年良品计划在欧美市场的业绩也不理想，2020年7月其美国子公司申请破产。

收入测算可承受的租金并签下租约，自然会导致租金负担沉重。与实际营业收入不匹配的租金压力，也是导致西友陷入经营危机的原因之一[①]。

20世纪90年代的良品计划也不例外，尤其在国际市场中，常常无视投资效益强行开设店铺。结果，"无印良品"这个品牌虽然在其他国家获得了一定支持，但始终支撑不起高昂的租金，业绩压力巨大。在这种局势下唯一能做的，就是撤出国际市场、关闭业绩不佳的门店。在2001年2月至2002年2月的财年，因为店铺退租，良品计划共支付了8.1亿日元的违约金，至此，"止血措施"终于告一段落。

良品计划通过清理库存、撤出国际市场，解决了导致业绩恶化的直接原因。但是，"现有机制导致不断出现存货"这一根本问题仍未得到解决。如果不解决这个问题，良品计划的业绩是不可能实现恢复的。

那么，良品计划在"止血"之后，是如何转守为攻的呢？

编制工作手册，扫除"季节企业文化"

在完成"止血"之后，松井忠三重点着手要解决的问题是与

[①] 季节集团的巴而可百货则选择在较差的地段克服环境劣势开展经营，在一定程度上平衡了季节集团的开店策略。

"季节企业文化"诀别。

无论是导致存货不断出现的机制，还是开设其他国家门店时草率的决定，根本原因都在于重视感性、忽视经营指标的企业文化。正因如此，良品计划决定扫除已经蔓延到公司组织内部的"季节风气"，转守为攻。

其中，良品计划的订货工作受到季节企业文化的消极影响是根本原因。良品计划之所以一直有存货堆积，是因为订货环节完全依赖于一线员工的判断。在便利店等零售行业，因为卖场面积有限、产品周转速度快、区域性及季节性特点突出，由一线员工负责订货工作更有利于店铺运营。只要每家店铺的负责人重复"假设→订货→检验假设"这一业务流程，就能很好地满足本地顾客的需求[①]。当然这只是最理想的情况。实际上即使是相同地区、相同规模的两家店铺，仅仅因为一家位于国道的上行线，另一家位于国道的下行线，订货需求也可能不同。在这种情况下，光靠总公司统一安排，店铺是无法妥善应对现实需求的。

但是与之相比，良品计划的经营条件则大有不同。首先它的产品种类繁多，包括服装、日用杂货、食品、家具、家电等，而

---

① 7-11便利店就是通过"假设→订货→检验假设"来扩大业务规模的。

且产品数量庞大①，卖场面积也比便利店大得多。同时，家具等产品的周转率较低，时常需要面对库存风险。区域性方面，因为无印良品主要在车站附近或者郊外的商场里开设门店，所以跟便利店相比，店铺周边环境要相似得多。

对于良品计划来说，完全没有必要将订货的权限交给一线员工。2001年清理大量库存之后，第二年又出现了库存堆积的现象，原因就在于一线的订货管理不够严谨。但其实，产品出现存货的根本原因也不在于一线。良品计划的零售门店里同时销售多种多样的产品，全部由一线进行订货管理，其实是很有难度的。因此，良品计划决定将库存增多的根本原因——订货的权限从一线收归到良品计划总部，并引进自动订货系统。但是没想到，一线员工提出了反对意见。原来有不少员工喜欢从事订货作业，他们对总部这一方针感到不满。不仅如此，当时的自动订货系统计算逻辑非常复杂②，一线员工无法理解"为什么一定要订这款产品"，所以他们不信任自动订货的做法。

面对员工的抵触情绪，良品计划想出的办法是编制一本名叫

---

① 据说当时良品计划每家门店的员工从16个商品类别、共8 000款产品中，进行人工订货。因此，订单经常出错。

② 后来，公司改变了订货系统的计算公式，让一线员工也能理解系统的计算逻辑。

《无印指南》的工作手册，对所有业务加以明文规定。从收银台操作到库存管理，对于所有良品计划的必要业务环节，当前被认为最恰当的工作方式，都写进了《无印指南》，而且还要频繁更新内容。公司通过在员工中贯彻新工作方式、转变企业文化，试图彻底扫除过去的经验主义之风，重新整顿订货这一最为关键的业务环节。

对于良品计划来说，这本与过去崇尚经验主义、感性主义的"季节企业文化"完全相反的工作手册——《无印指南》，正是他们与"季节企业文化"诀别的象征。只不过，将订货业务收归总部等动作，并不是光靠制作《无印指南》就能完成的。

良品计划采取的措施是从总部派人到一线巡回调研并直接进行指导，加强总部与门店之间的交流①。总部人员向一线员工反复询问"哪些是畅销产品"这个问题，让一线员工对畅销产品的关注逐渐得到加强，在订购总部建议的畅销产品时，他们也不再有抵触情绪。而且，因为员工树立起了陈列畅销产品的意识，他们也开始学会剔除滞销产品了。

就是这样，在前后几年时间里，良品计划成功将订货权限收归到总部。通过从根本上消除库存风险，良品计划转变为一家

---

① 在总部，负责视察一线的团队被称作"巡视队"。

能够自然而然地做到在店内陈列畅销产品以及剔除滞销产品的公司。而且，一线员工把过去用于订货作业的时间节省出来，用来招呼顾客、摆放产品，有助于改善客户服务。

这一举措还继续朝着"生产畅销产品"的方向延展。2002年，良品计划与山本耀司合作，提高服装设计水平，成功将产品的平均价格从过去的1 500~2 000日元提高到2 500~3 000日元。这些设计更为考究的服装产品销量非常好。

良品计划2006年2月的决算结果显示，营业收入1 408亿日元，净利润同比增长6.6％，实现了V字形复苏。它成功背后的原因是在公司里确立了策划畅销产品、订购畅销产品这些零售业的基本业务规范。

总结 过去的最佳实践里没有通往未来的正确答案

在企业经营与业务开展中，并不存在绝对正确的答案。因为客户的需求总在不断变化，所以即使某种手段曾在过去获得一时成功，几年后、几十年后却不再奏效，这再正常不过了。

在泡沫经济最鼎盛的时期，季节集团崇尚的"感性经营"是最佳解决方法，但它同样也是让季节集团在泡沫经济崩溃后陷入困顿的原因。正如良品计划注意到"感性经营"存在的问题，通过扫除季节集团不合时宜的企业文化，成功度过了危机，如果一家公司不能应时代变迁去调整自己应该继承的企业文化，是无法存活下来的。

然而，当我们放眼世界，会发现总有人在探求一个绝对正确的答案。例如，一旦公司内部出现问题，很多管理者会向咨询公司寻求正确答案，书店里也总是陈列着关于最佳解决方法的图书。世界不断变化，所以正确答案也在变化，这就是万事万物的本质。但是尽管如此，人们还是想找到固定的正确答案，这就是人性。

商务人士不可盲目相信世上流行的正确答案和最佳解决方法，必须时刻认真思考，在不同的时代背景之下，怎样的手段才更为恰当。我想我们需要留心关注的并不是现在的正确答案，而是这个世界将来会发生怎样的变化。

自省清单

☐ 是否认为工作中"存在正确答案"？

☐ 是否被看似正确的"最优解"迷惑了双眼？

☐ 能否根据环境与时代调整"自己应该做的事"？

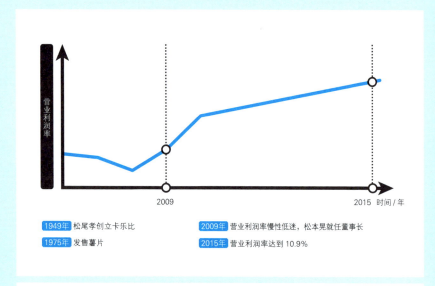

营业利润率

2009

2015　时间 / 年

1949年 松尾孝创立卡乐比

1975年 发售薯片

2009年 营业利润率慢性低迷，松本晃就任董事长

2015年 营业利润率达到 10.9%

开发
新产品

高份额

提高工厂
运转率

低收益

凭借全方位指标式经营度过危机

卡乐比（Calbee）有限公司是因虾条、薯片等零食而闻名的食品企业，其王牌产品卡乐比薯片在日本的市场占有率为70％（截至2019年），公司的营业利润率超过10％，在日本的食品生产商中处于非常高的水平。2015年以后，卡乐比更是成为日本食品行业的模范企业。

但是，如果追溯到2009年，当时的卡乐比正面临着一个巨大的难题。虽然薯片在日本国内的市场占有率达到了60％，但是公司的营业利润率很低，只有3.2％。这时候的卡乐比是一家"有竞争力却赚不到钱"的公司，让人觉得不可思议。

那么，卡乐比后来是如何摇身一变成为"有竞争力而且能赚钱的公司"的呢？

这次我们将重点关注企业财务分析的基础知识——成本结构，分析卡乐比的危机管理手法。

凭借成本优势占据薯片市场

卡乐比的历史是从第二次世界大战后不久，1949年松尾孝[1]在广岛销售麦芽糖、奶糖等零食开始的。最初的卡乐比只是当地一家很小的零食生产商，没有突出的特色产品，据说曾经多次面临倒闭危机。

卡乐比的经营能走上正轨，全靠1964年发售的卡乐比虾条。公司创始人松尾孝从在当地的濑户内海捕到的虾中得到了灵感，他将冷冻后的虾磨成粉末，与小麦粉糅在一起制作成零食。这款零食一经发售，就大受欢迎。虾的加工过程需要用到速冻设备，但当时几乎没有几家公司拥有这样的设备，所以卡乐比垄断了整个虾类零食市场[2]。

在随后的20世纪70年代，卡乐比赌上公司的命运，开始制作薯片。卡乐比首先在北海道相继设立仓库用来储存生产薯片的原材料——马铃薯，还建立起从农户手里直接采购马铃薯的机制。经过一番筹备，卡乐比在1975年正式发售薯片，但是最开始却无

---

[1] 松尾孝(1912—2003年)：创立卡乐比并将其发展成日本的代表性零食生产商的人物。

[2] 刚开始销售虾条时，卡乐比的年营业收入只有6亿日元，到1971年营业收入突破100亿日元，实现了迅猛的发展。

人问津。这是因为湖池屋①（KOIKE-YA）早在1962年便开始销售薯片，抢先占据了市场，而卡乐比只是市场的后来者②。

不仅如此，在发售初期，卡乐比的薯片还存在品质不稳定的问题，其原因在于当时的食品包装技术水平较低。加工包装好的薯片，如果不能马上卖出去，薯片会因为与氧气接触而劣化③。

面对这一问题，卡乐比重点关注如何稳定供应新鲜薯片，开始强化生产及物流体系。卡乐比在日本各地设立新的生产点④，建立起一套能将加工好的薯片立即送到超市等地的物流体系。随后，卡乐比与较早进入市场的湖池屋打起了价格战。湖池屋当时以150日元的价格销售薯片，卡乐比则将价格压低至前所未有的100日元。1977年，卡乐比更以"100日元能买到卡乐比薯片，但用卡乐比薯片买不到100日元"这一令人印象深刻的电视广告展开宣传，转眼便成功扩大了市场份额。

---

① 日本零食品牌，主要产品是薯片。——译者注
② 当时，业内其他公司对卡乐比薯片的看法是"千方百计地推销，但销量始终不理想"。
③ 针对这一问题，过去卡乐比里曾经有过一个专门调查薯片新鲜程度的团队。
④ 1976年，卡乐比分别在北海道、栃木、名古屋、广岛、鹿儿岛设立工厂，形成了一个覆盖日本全国的加工网络，引起业界关注。

结果，卡乐比薯片成功实现日本69％的市场占有率（1991年的数据），名列第一。多年来卡乐比构建起了牢不可破的生产及物流体系，形成了一道壁垒，其他公司难以进入市场。卡乐比就此成功发展成为日本的代表性零食制造商。

高市场占有率的背后，是高成本、低利润的"地狱"

前面说到卡乐比在薯片战争中大获全胜，但是在随后的20世纪90年代到21世纪初，业绩却逐渐陷入低迷[①]。在这期间，卡乐比的营业收入基本持平，薯片产品的市场占有率在最鼎盛时期高达75％，到了2010年前后却下跌至60％左右。本节最开始也介绍过，卡乐比的营业利润率低至3.2％。

面对这一现状，创立公司的松尾家族感受到了强烈的危机感。创始人松尾孝于2003年离世，他在生前说过："这家公司还是要上市才好。如果一直都是松尾家的家族企业，早晚都会完蛋。一定要上市，广泛听取外部的意见才行。"为此，松尾家不再坚持家族经营，开始摸索从外部聘任经理人，试图让公司恢复生机。

---

① 从卡乐比公布的营业收入长期变化情况可知，其营业收入在20世纪90年代到达高位后便开始下滑。日本市场已经开发到极限了，卡乐比面临着日本国内人口减少导致销量难以扩大的问题。

而竞争对手湖池屋[当时的公司名为"福连特"（Frente）]于2004年上市，转变为一家公众公司。上市后，湖池屋通过积极的产品战略实现了业绩提升。

2009年，卡乐比迎来了一个巨大的转机。医疗设备制造商美国强生公司的日本法人[①]的董事长松本晃成为卡乐比的董事长兼首席执行官，松尾家族从此退居二线，以大股东的身份关注着公司的经营状况。这是传统食品制造商朝着全新经营模式迈进的关键节点。

那么，被创始人一家委以经营重任的松本晃，是如何对卡乐比的经营进行重整的呢？

对比竞争对手挣得少的原因进行定量分析

就任卡乐比的董事长兼首席执行官之后，松本晃发现了几个大问题。

卡乐比拥有薯片这一占据日本国内市场份额第一、拥有绝对优势的商品，但是反映利润与收入之比的指标——营业利润率却非常低。2009年3月财年，卡乐比的营业利润率只有3.2％，而竞争对手湖池屋的营业利润率为5.1％。这意味着在赚钱的效率

---

① 日本法人是外国公司在日本设立的子公司。——译者注

方面，薯片销量排名全国第二的湖池屋①反而更为理想。也就是说，卡乐比是一家"拥有竞争力强的产品，却赚不到钱"的公司。

纵观整个行业，就会发现湖池屋5.1％的利润率并不算高。如果只看日本国内的食品行业，龟田制果、波路梦、江崎格力高等位列前茅的企业，营业利润率都不到10％；而再看诸如雀巢等世界大型食品制造商，营业利润率达到10％是常态。"即使销量好也赚不到多少钱"的观点在日本食品行业被认为是常识，但放眼全世界，这却成了异常现象。

卡乐比作为日本国内的一流食品制造商，利润率却只有个位数。面对这一现状，从强生公司跳槽过来的松本晃感受到了强烈的危机感②。为什么卡乐比变成了一家不赚钱的企业？这个问题的答案就藏在卡乐比的成本结构之中。通过分析成本结构，可以清楚看出营业收入中生产成本、销售及管理费用的占比，进而分析得知影响营业利润的瓶颈何在。对比两家薯片厂家2009年的成本结构，卡乐比的毛利率为35.1％，湖池屋的毛利率为42.4％。由此

---

① 这是2009年6月公布的利润率。

② 关于卡乐比的问题，松本晃说过"世界级食品制造商的利润率比卡乐比高出很多，要以20％的营业利润率为目标"，设定了一个对于日本食品制造商来说前所未有的高目标。

第一部分
如何战胜由战略失误、体制脆弱、职能缺失引发的危机

可见，湖池屋的毛利率比卡乐比的高出很多。

首先，提到毛利率这一指标，日本的零食制造商中，有不少企业毛利率超过40％。例如，江崎格力高2009年3月公布的毛利率为41.1％，同一时期波路梦的毛利率也有42.2％。所以在零食行业里，毛利率超过40％并不能算是优秀，只是正常水平。也就是说，卡乐比的毛利率处于落后水平。

其次，比较两家公司的销售及管理费用率，可以看到，与卡乐比相比，湖池屋的销售及管理费用占比更高。销售及管理费用中包括人力成本、广告宣传费用等方面，卡乐比的负担更轻。

湖池屋的销售及管理费用率偏高的原因在于广告宣传费用高。作为市场占有率第二的企业，湖池屋对差异化产品的开发和广告宣传投入了大量资金，拉高了销售及管理费用率。市场占有率较低的企业，促销费用和广告宣传费用占比较高是正常现象，湖池屋也不例外。

通过对两家薯片厂家的成本结构进行对比，可以清晰地看到卡乐比最大的问题在于毛利率低，也就是营业成本率过高（见图1-4）。因此，松本晃将改善营业成本率定位为最优先事项，启动了卡乐比的经营改革。

图1-4　卡乐比与湖池屋的成本结构对比

在减少人力成本的前提下压缩成本

卡乐比营业成本偏高的原因到底何在？对于卡乐比来说，销售成本中薯片原材料的采购费用和制作薯片的费用占比最高。其中，卡乐比最大的弱点在于薯片制作成本过高。

对照查阅卡乐比和湖池屋的有价证券报告书，会发现两者在"生产设备一览"部分存在很大的差异①。2011年，湖池屋只有3家自营工厂，关东地区有2家，关西地区有1家，总共3家工厂承担了面向日本全国销售的所有产品的生产任务。与之相比，卡乐

---

①　由于2009年时卡乐比还没有上市，所以根据两家公司2011年的数据进行对比。

比共有17家自营工厂，从最北端的北海道千岁工厂到最南端的九州鹿儿岛工厂，工厂分布在日本全国各地。

从生产效率来看，像湖池屋那样以少而精的生产点覆盖日本全国市场的方式更为理想，反观卡乐比在日本国内设立了17家工厂明显太多了。从工厂的运转率来看，卡乐比的工厂体系中存在产能过剩的现象。2009年，卡乐比的17家工厂的运转率略高于60%。尽管日本国内的薯片市场已难以继续扩大，却不能关闭工厂，这导致卡乐比的销售成本率升高。

本节最开始也介绍过，在食品包装技术尚未成熟的时代，卡乐比在日本各地铺设工厂的战略有助于保持薯片的新鲜度，是一项不可或缺的投资。但是，到了20世纪80年代以后，食品包装技术进步了、产品的保鲜效果提升了，分散设置工厂意义不大。不但如此，这个策略反而变成了压迫毛利率的重要因素①。也就是说，过去的最优解在技术改良之后反而变成了沉重的负担。

那么，卡乐比是如何提高工厂运转率的呢？我们来看看它采取的方法吧。

要提高工厂运转效率，先要提高生产量。为此，卡乐比更积极地从北海道农户手里采购马铃薯。其实对于农户来说，由于马

---

① 当时的时代背景是1987年出现了将"镀铝膜"应用在包装材料上的技术。得益于这一技术，薯片的保鲜时间更长了。

铃薯的收成容易受气候因素影响，因此农户对马铃薯种植的积极性并不高。针对农户的这种思维，卡乐比与他们约定进行大量采购，不仅能够提高农户的耕种热情，也能够确保采购到大量马铃薯[1]。卡乐比利用采购回来的大量马铃薯，开始对薯片进行大幅增产。于是，工厂的运转率得到提升，能够以更低的成本生产薯片。

通过这一举措，卡乐比的毛利率得到了一定的改善，但是对于增加的这一部分利润，松本晃没有直接留存下来变成营业利润，而是将其作为资本开展薯片产品的减价促销。这样做的目的是从竞争对手湖池屋手上夺回市场份额。卡乐比通过在超市、便利店的货架上大量陈列低价薯片，相对地压缩了湖池屋在货架上的陈列空间。就是这样，在低迷的日本国内薯片市场中，卡乐比在这场份额争夺战中胜出，成功地提高了营业收入。

为了提高工厂的运转率，卡乐比还采取了另外一招——积极开发薯片以外的产品[2]。卡乐比在维持原有工厂数量的同时，通过扩大新产品的生产，进一步提高了工厂的运转率，进而提高公司整体的营业收入。

---

[1] 卡乐比与北海道农户的关系非常密切，这是卡乐比薯片业务的优势之一。

[2] 在此之前，卡乐比通过扩大小众产品的生产量，比如一款名叫"富果乐"的燕麦产品，试图提升工厂运转率。

通过一系列成本结构改革，卡乐比实现了收入与利润的双提升，在2015年3月财年，营业收入达到2 221亿日元，营业利润率达到10.9%。作为一家大型食品制造商，终于达到了"营业利润率超过10%"这一世界优良企业标准。卡乐比的利润率得到改善的核心原因在于毛利率的改善，从2009年3月的35.1%，到了6年后即2015年3月，提升到了43.9%，实现了约9%的毛利率改善（见图1-5）。

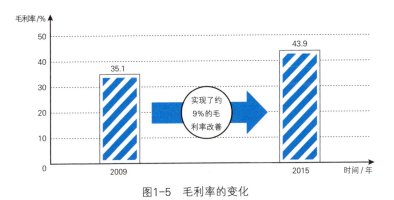

图1-5　毛利率的变化

在21世纪10年代，卡乐比的V字形复苏不仅在食品行业影响广泛，还受到了各行业以及财经媒体的广泛关注。这也许是因为，这次改革无须经历诸如削减人力成本、关闭工厂等巨大的阵痛，便成功实现了利润率的改善。

2011年3月财年，卡乐比刚开始改革不久，当时员工的平均年收入为715万日元，到了改革后的2019年3月财年，员工平均年收入提高到了723万日元。对于员工来说，这也是一次有收获的成本改革。

　　而湖池屋在卡乐比的猛烈攻势之下遭受巨大打击。2012年6月财年，湖池屋出现了上市以来首次年度亏损，进入了事业低迷期。对湖池屋2015年6月财年的成本结构进行分析，会发现它陷入了慢性低收益状态，就像当年的卡乐比一样。为了突破卡乐比的堡垒，湖池屋尝试销售以品质为卖点的高端薯片以实现差异化经营，但并未获得理想的收益（见图1-6）。

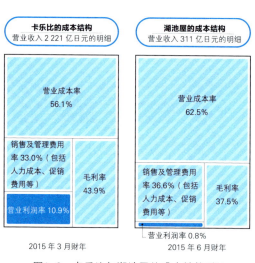

图1-6　卡乐比与湖池屋的成本结构对比

　　就是这样，这场发生在20世纪初的薯片战争，以贯彻经营指标管理的卡乐比的胜利而告终①。

---

① 卡乐比成功实现业绩复苏后，2018年，松本晃不再担任卡乐比的董事长和首席执行官。

总结 | 如何打造不因高市场占有率而自满不前的团队？

对于在市场规模基本持平的成熟期想要度过组织机制危机的高市场占有率企业来说，卡乐比的例子是一个经典案例。

与互联网等快速变化的行业不同，食品等行业很少出现顾客偏好急剧变化的情况。因此，最先推出经久不衰的产品的大型食品制造商，大多能一直保持优势地位。结果，过去获得的市场份额往往不容易被夺走，企业能够凭借"高市场占有率产品"这一稳固的事业基础，实现稳定经营。在这种状况下，企业容易出现骄傲情绪，同时固定费用趋于增加。

首先，走上稳定的经营轨道后，大多数企业会在削减成本方面疏于努力。如果长期维持很高的市场份额，公司内部会不知不觉地滋生出一种傲慢情绪，认为"这种状态会一直持续下去"，对工厂和公司管理等方面投入资金时容易无视投资效益。此外，当一家企业完全占据了市场、业绩实现稳定发展后，该公司将来的业绩在很大程度上会被"日本的人口增减"这一因素左右。如果人口增长，拿下一定市场份额后营业收入还有增长的空间，但如果人口减少，即使占据了一定的市场份额，营业收入也只会走向下滑。日本人口从20世纪90年代开始减少，直接打击了卡乐比等固定费用居高不下的日本企业。固定费用高的企业，一旦营业

收入减少，利润率就会降低，结果就会陷入高市场份额、低收益的状况。

那么，怎么做才能防止公司变成高成本体质？

简单来说，答案就是即使拥有长期占据高市场份额的产品，也不能就此自满，停滞不前。固定费用中的很多成本不能带来利润贡献，我们必须削减这些成本，踏踏实实地不断重复这一基本动作。

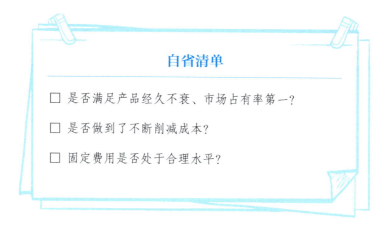

自省清单

☐ 是否满足产品经久不衰、市场占有率第一？

☐ 是否做到了不断削减成本？

☐ 固定费用是否处于合理水平？

案例 05 欧姆龙

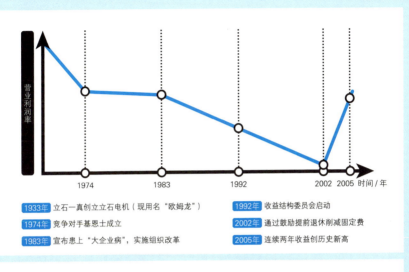

- 1933年 立石一真创立立石电机（现用名"欧姆龙"）
- 1974年 竞争对手基恩士成立
- 1983年 宣布患上"大企业病"，实施组织改革
- 1992年 收益结构委员会启动
- 2002年 通过鼓励提前退休削减固定费
- 2005年 连续两年收益创历史新高

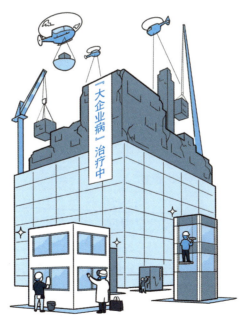

经受住骄人业绩背后悄然而至的下克上风波

"大企业病"是一个广为商务人士所熟知的词语，通常用来描述随着组织规模壮大，企业的各个方面都出现了瓶颈。近年来人们也常常用它来形容日本企业的现状。

那么日本第一家得了"大企业病"的公司是哪家呢？是控制器制造商欧姆龙①（OMRON）。20世纪80年代，欧姆龙的创始人立石一真公开宣布自己的公司陷入了"大企业病"状态，从此，这个词语被人们广泛使用。也就是说，欧姆龙就是日本最早开始正视"大企业病"的企业。

"大企业病"导致企业业绩恶化，面对这一危机，欧姆龙是如何找到突破口的？本节将对此进行分析，针对"应该如何直面大企业病"这一问题给出答案。

开发自动化系统实现飞速发展

欧姆龙创立于1933年。公司创始人立石一真从创业期开始一

_____

① 当时使用的公司名是"立石电机"。

直参与欧姆龙的经营工作，直到1987年卸任董事长职务。

1953年，欧姆龙做出了"重点发力自动化市场[①]"的决定，这是该公司一跃成为大企业的契机。在此之前，欧姆龙不过是一家负责将电力公司用的继电器[②]销售给大企业的中小型转包公司，只有约100名员工。立石一真认为这种业务模式是"捡大公司不愿意干的活"，前景渺茫，由此决定将公司的主战场转移至当时备受关注的自动化领域。

1960年，欧姆龙应用晶体管这一新技术开发出无触点接近开关。这是一款将传统开关中一个名叫真空管的零件替换成晶体管的革命性产品，从此，开关的使用寿命延长至半永久。无触点接近开关安装一次即可长期使用，后续无须更换，是一款划时代的自动化机器，转眼便横扫了整个市场。它被组装在各种电机产品中，成为引领欧姆龙业绩发展的拳头产品。

同年，欧姆龙在京都设立了中央研究所，打造出一个能够源源不断地推出划时代产品的企业组织。1964年，受日本科学警察研究所委托，欧姆龙开发出世界上第一台电子自动交通灯[③]，开

---

① 当时流行工厂自动化。

② 一种根据电气量等物理条件输出电气信号，进而控制电路的装置。

③ 也就是"交通信号灯"。搭载了车辆检测机和信号控制系统，能有效缓解交通堵塞。

始了交通管制相关业务。1967年又开发出世界上第一套无人车站系统，成功将过去站务员承担的卖票、检票业务转变为自动化操作。在日本经济高速增长期，劳动力不足成了社会问题，在此环境下，欧姆龙开发的自动化系统深受客户欢迎。

欧姆龙坚持以自动化为主轴，开发出各种各样的产品，实现了企业规模的扩大。欧姆龙并不是单纯进行新技术开发，而是通过开发综合性系统，满足了警察局、铁路公司等客户希望"减少从事简单重复劳动的人员"的需求，换言之，欧姆龙的优势就在于实现了客户价值。

1962年，欧姆龙成功上市，被普遍认为是日本自动化行业的头部企业。当时甚至流传着"东有索尼，西有欧姆龙"的说法，欧姆龙作为处于快速发展阶段的日本代表性企业，备受瞩目。社会对欧姆龙的高度评价，还体现在20世纪60年代后期的工程师社招活动中①。行业中许多工程师都报名参加了这次社招活动。他们表示"自己在大型企业里只能充当一个小齿轮"，憧憬着欧姆龙这样具有创业公司氛围的企业，因此前来应聘。可见当时欧姆龙在行业内外都受到了很高的赞赏。

---

① 欧姆龙的中央研究所原来大约有300名员工，在1969—1970年的两年时间内，通过社会招聘招聘了约460名技术人员，实现了业务规模的扩大。

公司创始人立石一真在负责欧姆龙的经营管理的同时，还设立了公司风险投资机构（KED），主要对在京都设立的创业公司进行投资，这展现了欧姆龙雄厚的资金实力。这一系列举措让欧姆龙在20世纪70年代多次引起社会话题[1]。

在新旧创业公司的对决中处于下风

欧姆龙的企业经营看起来一帆风顺，但这时行业内却发生了一件小事。在欧姆龙一直处于优势地位的自动化领域，一家创业公司悄然出现。

1974年，一位名叫泽崎武光的29岁年轻人在兵库县尼崎市创立了一家公司，名叫领先电机[2]（Lead）。这家公司就是后来的基恩士（KEYENCE），它在2020年6月市值达到11万亿日元，员工平均年收入为2 210万日元，营业利润率高达35.9%，成为日本数一数二的优良企业。但是在20世纪70年代，它只是传感器行业的一家创业公司。

刚刚进入欧姆龙的主阵地——自动化领域的基恩士，其战略是通过以下三点来痛击欧姆龙的弱点。第一点，在销售环节，欧

---

[1] KED投资的企业中，包括当时创业不久的日本电产。

[2] 立石一真的风险投资机构主要关注设立在京都的企业，因此忽视了在兵库县尼崎市创立并崛起的基恩士。

姆龙采取的是代理店模式，而基恩士则采取直销模式。通过这种方式，基恩士能够密切接触客户，并向客户推荐更能满足他们需求的传感器。第二点，欧姆龙拥有自营的传感器制造厂，而基恩士则采用无工厂芯片供应商（Fabless）模式，从根本上减轻固定费用压力。第三点，基恩士建立了传感器快速交货机制，保证绝对不会让客户的生产线停产，向客户提供了附加价值①。

通过以上战略，基恩士在20世纪70年代至20世纪80年代实现了快速成长，于1987年成功上市。上市当年，基恩士的营业收入为77亿日元（1987年3月财年），虽然远远比不上营业收入高达2 785亿日元的欧姆龙（见图1-7，1987年3月财年），但是基恩士的营业利润率高达34.7%（见图1-8），令人震惊。

另外，基恩士还成功从欧姆龙手上夺取了一部分产品的市场份额，而这些产品过去都是被欧姆龙垄断的。20世纪50年代诞生的创业公司欧姆龙，在这场面对20世纪70年代诞生的创业公司基恩士的竞争中处于下风。这让世人看见了"世代更替"的征兆。

然而，面对基恩士等创业公司的崛起，欧姆龙内部的反应却非常迟钝。1980年3月，欧姆龙已经成了一家员工人数超过5 000人

---

① 基恩士的快速交货机制的关键在于使用了快递公司。20世纪70年代至80年代，大和运输（Yamato）等运输公司扩充了物流据点。因此，基恩士得以构建起不依赖于批发商的商业模式。

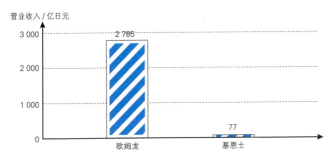

营业收入/亿日元

2 785

77

欧姆龙　　　　　基恩士

图1-7　1987年3月财年，欧姆龙和基恩士的营业收入

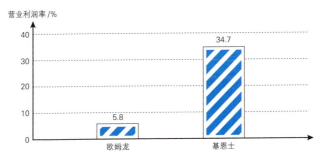

营业利润率/%

34.7

5.8

欧姆龙　　　　　基恩士

图1-8　1987年3月财年，欧姆龙和基恩士的营业利润率

的大企业，经营层的决策速度也变得缓慢。虽然身处销售一线的员工向公司经营层表达了因为接连失去订单而带来的危机感，但是公司的反应却非常迟钝。

第一个无法对此状况坐视不理，站出来说话的就是创始人立石一真。虽然他已经在1979年离任总经理一职，改任为董事长①，将具体经营工作委任给后任总经理，但实在无法对市场份额逐渐

---

① 在日本，董事长一般为荣誉职位，实权由总经理掌握。——译者注

被蚕食熟视无睹。立石一真于1983年重新操持欧姆龙的经营工作，着手清除公司内的积弊。这时的立石一真已经84岁了。

那么，为了度过危机，欧姆龙都做了什么？答案就是让已经发展成为大企业的企业组织，先回到中小企业的状态。

回归原点，将大企业变成中小企业

"成功跻身大企业行列的立石电机，得了'大企业病'。涅槃之后，贯彻意识革命，回归创业精神，通过彻底分权，形成中小企业一般的组织架构以及简洁的企业制度，以期促进公司的活力，这才是创业50周年之际最应该成就的一番大业。希望全体员工都以此为目标不断挑战①。"

这是1983年立石一真重新执掌欧姆龙经营工作时面向公司内部发表的讲话。他以此向全体员工传达了欧姆龙患上"大企业病"的信息，以及大刀阔斧地进行改革的必要性。立石一真选择了"意识革命"这个词语，可见他当时有着很强烈的危机感。

欧姆龙的组织改革，沿着精细化管理方针开始了。之所以这样做，是因为立石一真通过分析后得出，导致欧姆龙患上"大企业病"的根本原因，在于臃肿的企业组织使公司经营层难以感受

---

① 人们认为立石是日本第一个使用"大企业病"一词的企业经营者。

到一线的艰难。立石一真沿着"人如果感觉到疼痛自然就会去治病"的想法，坚决推进组织改革。

组织改革的第一项内容，是对经营工作的中枢组织进行重整。一直以来公司内部的决策，主要由"常务会"这一组织进行表决，这次的改革要废除该组织。同时，新设一个仅由董事长、总经理、副总经理作为代表组成的代表会，建立新的决策机制——针对各事业部无法判断的事项展开讨论，并当场得出结论。通过这项改革，立石一真试图扭转由经营干部组成的高层组织温水煮青蛙一般的工作氛围。

在此基础上，立石一真将全公司细分为各个小事业部，每个事业部都要求做好报表管理，不仅是损益表（PL），还有资产负债表（BS）和现金流量表（CF）。过去各个事业部主要关注损益表的指标，认为"只要提高营业收入，最终产出利润即可"，而这项改革措施的目的是在公司内树立重视投资回报的经营意识与责任意识[①]。

这次改革还更新了组织体系，按事业内容将生产、销售、开发、管理各环节整合在一起，将小事业部当成中小企业进行管理（见图1-9）。

---

① 现在的欧姆龙将投资资本回报率（ROIC）纳入重要经营指标中。这次患上"大企业病"的经历，促使公司内部树立起关注投资收益的意识。

当时这场组织改革的收尾之作，便是更改公司名称和搬迁总部。立石一真为了与"公司是创始人的公司"这种意识彻底诀别，将公司名称从创业之初便一直沿用的立石电机改为现在的欧姆龙。在组织改革成功落幕后，立石一真从董事长一职卸任。

这一系列用于治疗"大企业病"的改革措施，使欧姆龙1987年3月时低至 5.8％的营业利润率，在两年后即1989年3月，上升至12.1％，实现了V字形复苏。

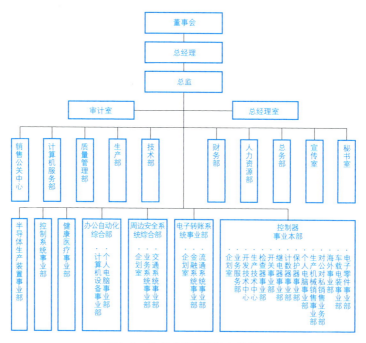

图1-9　欧姆龙的新组织架构图

通过长达20年的改革根治"大企业病"

在创始人立石一真自上而下主导的组织改革下，欧姆龙看似已经战胜了"大企业病"。但是如果查阅欧姆龙在20世纪90年代到21世纪初的业绩变化情况，就会发现它没有呈现出理想的V字形复苏形态。虽然其营业利润率实现了短暂复苏，但是20世纪90年代一直在5％左右的低水平徘徊，2002年3月还由盈转亏，年度决算出现亏损。欧姆龙公司内部到底发生了什么？

简单来说，就是欧姆龙所患的"大企业病"，并不是区区一次改革就能根治的。前面介绍过由立石一真主导的"大企业病"治疗行动对短期业绩改善做出了贡献，但是仍未能触及欧姆龙的核心问题。因为在那次改革后，欧姆龙仍然存在"固定费用居高不下[①]"的问题，给业绩带来了沉重的负担。

接下来，介绍1987年就任欧姆龙总经理的立石义雄[②]，在20世纪90年代到21世纪初，为了根治"大企业病"而采取的一连串措施。

（1）通过设立收益结构委员会削减变动费用

立石义雄从削减变动费用着手，以1992年6月正式成立的收益

---

① 日本国内生产点和人员冗余的问题尤为突出。
② 立石义雄，是欧姆龙创始人立石一真的第三个儿子。——译者注

结构委员会为中心，重新审视研发费用和各种经费的使用情况，每年削减成本30亿~50亿日元。总经理亲自向全体员工发出削减成本的指示，尝试对员工进行意识改革。此外他还试图通过压缩设备投资规模、减少新员工招聘来压低固定费用，结果营业利润率从1993年3月的4.5％，恢复到1996年3月的7.5％。虽然节约经费对业绩带来了一定贡献，但是无法进一步提高盈利水平。问题在于没有对最关键的固定费用开刀，任由其保持在一个很高的水平。

（2）通过组织改革削减固定费用

为了对一直搁置的固定费用进行削减，从1998年开始进行组织改革。开始，欧姆龙通过出售4项竞争力弱的业务，着手改善利润率。但是，单靠业务重整未能提高欧姆龙的业绩。这是因为"人力成本高"才是导致固定费用负担加重的最大原因，但公司仍未拿出对策。当时制造业中人力成本占营业收入的比例的平均水准稍高于20％，而欧姆龙的人力成本占比则高达28％。

面对这一事实，当时削减人员的议题被多次提上董事会，但是立石义雄始终坚持"欧姆龙是以人为本的公司"这一信念，因此人力成本犹如一个不可侵犯的领域，始终未能触及。过去公司决定关闭工厂的时候，一线员工提出了强烈抗议，正因为有过这样的经历，公司对削减人力成本一事持消极态度①。

（3）通过鼓励自愿提前退休削减固定费用

多年来欧姆龙始终未能对人力成本进行整顿，公司内部认为"如果不解决人力成本这个瓶颈，欧姆龙就不会有将来"的意见日益强烈，终于，到了2002年，公司做出了一个重大决策，公布了提前退休优惠制度，对在职10年以上的员工，公司将提供相当于年收入3倍的退休金以鼓励其提前退休。

结果，大约1 800名员工报名提前退休。这一年，因为产生了减员的相关费用，欧姆龙时隔26年再次陷入了年度亏损状态（亏损158亿日元），但以此为代价，终于成功地从根本上改善了固定费用水平。

这场轰轰烈烈的提前退休改革，代价非常高昂，是一次伴随着阵痛的改革。立石义雄表示要"进行破釜沉舟的改革②"，并于2003年辞去欧姆龙总经理职务，由跟立石家族毫无交集的作田久男就任下一任总经理。这次组织改革的代价是，创立欧姆龙的

---

① 1972年，欧姆龙试图关闭三重县的松阪工厂，但因遭到一线员工的反对导致计划受挫。

② 在欧姆龙2002年的年度报告中，立石义雄说道："我们推测公司里约有1 000名人才冗余。虽然我们希望尽最大努力稳定劳动关系，但考虑到长此以往会给员工带来很多困难，以及需要减少人才冗余才能正确地配置人员，因此公司决定在限定时期内实施'提前退休优惠制度'。"

"立石家族"从此离开了经营一线。

欧姆龙终于在21世纪初期成功从根本上改善了公司的收益能力。2004年3月和2005年3月，公司连续两个财年刷新公司史上最高收益纪录。就是这样，欧姆龙终于实现了V字形复苏。

欧姆龙虽然曾经差点被新一代创业公司"后浪推前浪"，但在1983年宣布患上"大企业病"之后不断进行改革，终于克服了困难。

总结 | 备受赞赏的时候，还能坚持不断努力吗？

没有人会讨厌被周围的人赞赏，尤其是那些取得了一定成绩的商务人士，这是人之常情。但是，如果从长远角度来看，得到高度评价不一定就是好事。因为在某一方面被表扬的时候，我们总会不自觉地认为一直以来做的事情都是正确的。世界在变化，无论是取得过怎样的成绩的商务人士，都一直身处于严峻的竞争环境之中。我们的竞争对手总是在寻找下克上的时机，一旦有机会就会瞄准目标进攻。

对于欧姆龙来说，在成功上市并被媒体誉为"创业公司中的枭雄"时，其实已经迎来了第一个转折点。它不仅失去了过去的优势和锲而不舍的努力精神，患上"大企业病"，还陷入了一个十分讽刺的局面——设立了公司风险投资机构以进军主营业务之外的领域，却忽视了在同一行业里势头正劲的创业公司基恩士，导致主营业务的市场地位遭受威胁。此后，欧姆龙为了治疗"大企业病"不断进行组织改革，逐渐恢复了昔日创业公司时代的企业气质。时至今日，欧姆龙仍在持续不断地开展组织改革。不满足于现状的组织，才能时刻发挥出最强实力。

因此，对于商务人士和企业来说，越是工作顺利、业绩良好的时候，越不能因为周围的赞赏而得意自满，要坚持不懈地努力。

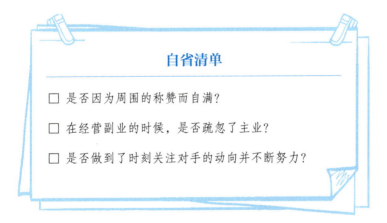

自省清单

☐ 是否因为周围的称赞而自满？

☐ 在经营副业的时候，是否疏忽了主业？

☐ 是否做到了时刻关注对手的动向并不断努力？

第二部分

如何战胜由灾害、纠纷、不可抗力引发的危机

→日本环球影城｜日本麦当劳｜日本天气新闻公司｜伊势丹｜森大厦｜←

.

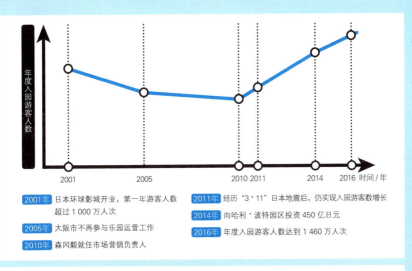

年度入园游客人数

2001　2005　2010 2011　2014　2016 时间/年

2001年 日本环球影城开业，第一年游客人数超过 1 000 万人次

2005年 大阪市不再参与乐园运营工作

2010年 森冈毅就任市场营销负责人

2011年 经历"3·11"日本地震后，仍实现入园游客数增长

2014年 向哈利·波特园区投资 450 亿日元

2016年 年度入园游客人数达到 1 460 万人次

克服“轻视需求的经营思路”及巨大灾害带来的危机

日本环球影城（USJ）是日本的代表性主题游乐园之一。2017年的入园游客人数高达1 400万人次[①]，仅次于年度入园人数约3 000万人次的东京迪士尼旅游度假区，位居全日本第二。在主题游乐园行业之中，年度入园人数超过1 000万人次的日本环球影城和东京迪士尼旅游度假区，可谓是日本主题游乐园“双雄”。

相信读者当中也有很多人曾经去过日本环球影城。如果我们查阅日本环球影城在过去很长一段时间里的业绩情况，就会发现它的成长过程也经历过高低起伏。从官方公布的年度入场游客人数可以看出，2001年开业首年就接待了游客约1 000万人次，起步非常顺利。但是2001—2010年的入场人数却呈现持续减少的趋势，2010年度的入园人数更是跌至750万人次，情况不容乐观。

---

① 由于日本环球影城在2017年后不再公布年度入园游客人数，此处引用的是2016年的入园人数。

到底是什么原因导致日本环球影城在21世纪初出现了年度入场人数低迷的情况？下面将在回顾日本环球影城的成立过程的同时，挖掘引起这一问题的根本原因。

为了盘活地方经济而开始的主题游乐园生意

回顾日本主题游乐园产业的历史，不难发现是偏向供给理论思维的。

日本第一个真正意义上的主题游乐园是1983年东方乐园公司（Oriental Land）开设的东京迪士尼乐园。在那之前日本的游乐设施大多以动物园或游乐场的形式运营，不会设置一个特定的主题[1]，因此像东京迪士尼乐园这样以迪士尼这一设定为中心的主题游乐园成了大众关注的焦点。东京迪士尼乐园在开业之初便大获成功，带动日本各地出现了主题乐园计划热潮。

当时如雨后春笋一般涌现的主题乐园计划，目标人群都是哪些人呢？是那些受人口减少及支柱产业凋败等严峻问题影响的地

---

① 户外游乐设施大多由私营铁路公司运营。其中比较有代表性的有西武铁道的丰岛园（2020年闭园）和东急电铁的二子玉川园（1985年闭园）等。

方自治体①居民们。

20世纪80年代是日本的地方人口开始呈现减少趋势的过渡期。当时地方居民产生出开创新产业以重振家乡经济的意愿，作为其中一个思路，人们开始关注主题游乐园。20世纪80年代后期，日本出现了一股助力盘活地方经济的开发热潮，比如政府制定了《旅游度假区法》等②。

无视客户感受的主题公园的末路

进入20世纪90年代，日本各地都建立了大型主题游乐园。1992年以荷兰为主题的豪斯登堡在长崎县佐世保市开业，1994年以西班牙为主题的志摩西班牙村在三重县志摩半岛开业③。到了2001年，以好莱坞电影为主题的日本环球影城在大阪樱岛开业。

---

① 又称"地方自治团体"或"地方公共团体"。日本宪法承认地方自治机制，即在国家框架之下，地方的公共行政事务应由地方市民来主导，有团体自治和居民自治两种形态。地方自治体对辖内事务拥有自主管理权，但没有财政权，与政府形成互补。——译者注

② 1985年，几个发达国家签署了广场协议，导致日元升值、美元贬值。受此影响，日本制造业失去了价格优势，地方工厂相继倒闭。因此为了维持地方经济，日本出现了引进新产业的热潮。

③ 志摩西班牙村由近畿日本铁道和地方政府共同运营。

正如前文中所介绍的那样，在东京迪士尼乐园之后出现的这些主题游乐园，全部都是由地方政府牵头筹建开业的。豪斯登堡所在的佐世保市是因造船业闻名的城市，但造船业的活力已经大不如前。而志摩西班牙村所在的志摩半岛，珍珠养殖业发达，但由于珍珠需求减少而陷入了困境。同样，日本环球影城所在的大阪樱岛过去也是以造船业及钢铁工业为支柱的城市，但此时却面临着工厂倒闭的问题①。

为了创造新产业以弥补地方支柱产业凋败带来的财政损失，各地开始相继引进主题游乐园。因此，受到东京迪士尼乐园成功经验的启发，在日本全国各地相继出现的主题游乐园是基于供给理论而开业的。它们关注的重点并非"如何让游客感到开心"，而是"通过打造主题游乐园能够带来多少经济效益"。

可想而知，这些无视需求理论的主题游乐园是无法长久生存下去的。豪斯登堡于2003年申请应用公司更生法②。志摩西班牙村在开业首年入园游客人数达到427万人次，但是自此之后入园人数长期持续减少，到了2019年更是低至只有120万人次。日本环球影

---

① 日本环球影城园区本来是一家名叫日立造船的造船企业的工厂。随着造船业的衰败，这家工厂于1980年倒闭。

② 日本的一项法律，又称公司重组法，规定了陷入经营困难但仍有价值的企业，为了维持及重整业务应该履行的手续。——译者注

城也一样，开业首年的入园游客人数为1 102万人次，但随后入园人数逐渐减少。

这些植根于供给理论的主题游乐园无一例外以失败告终，而东京迪士尼乐园始终一枝独秀，这就是21世纪初主题游乐园行业的发展状况。

处理开业时借下的巨额贷款

负责对陷入经营危机的日本环球影城进行重整的是高盛集团（Goldman Sachs）。高盛集团从2005年着手日本环球影城的经营重整工作，以期实现"复活"。

高盛集团做的第一件事是通过改善财务状况进行"止血"。日本环球影城在开业首年就背负着约1 200亿日元的有息负债，这些贷款成了沉重的负担。因此，为了偿还贷款，当时的日本环球影城现金不断流出，没有余力对园区进行投资以吸引更多游客入园。

于是，高盛集团设法降低日本环球影城的有息负债率。2005年3月财年，日本环球影城的自有资本比率仅为5.5％，到2009年3月财年，这个指标提高到40.3％，实现了大幅改善。通过在几年时间内缩小有息负债规模，高盛集团将日本环球影城转变为一家贷款比例正常的普通企业，日本环球影城终于能够跟其他主题游乐园站在同一条起跑线上，考虑应该如何与它们竞争。

从营销专家角度出发的重建计划遭遇到前所未有的事态

虽然日本环球影城找到了改善财务状况的着力点，但是最关键的入园游客人数依然呈下降趋势。其获客能力没有得到改善，营业收入也一直徘徊在700亿日元左右。这时，为了改变以供给理论为导向的日本环球影城，高盛集团请来了曾在宝洁公司负责市场营销工作的森冈毅①，旨在通过从外部引进精通市场营销的人才，帮助日本环球影城摆脱供给理论这一弱点。

森冈毅首先致力重新掌握家庭客户群体。为此他实施的第一步重整工作，是2011年春假期间举办的开业10周年活动。翻阅当时日本环球影城的宣传资料，上面写着"乐园史上最盛大、最棒的开心惊喜！②"可以想象那会是一场多么隆重的活动。

然而，即使请来了森冈毅，重整工作也未能按计划推进。2011年3月11日，日本发生地震，不仅日本东北及周边地区受灾情况严重，日本经济整体也遭受到了巨大的打击。虽然日本环球影

---

① 森冈毅是从市场营销层面成功对日本环球影城进行重整的重要人物。他一直致力于乐园获客能力的恢复，直到2017年1月离任执行董事。

② 出自日本环球影城于2010年9月9日发布的宣传资料。这时还没有发生"3·11"日本地震，当然，也没有人能预测到后来发生的危机。

城位于大阪，距离受灾地区较远，但是在这种非常时期，考虑到当时的社会氛围，很多人并不愿意去游乐园这种娱乐场所游玩。而且在"3·11"日本地震之后，大阪核心商圈道顿堀的霓虹灯全部熄灭，大阪这座城市也随之变得暗淡起来。

日本环球影城本来就身陷经营困难，再加上"3·11"日本地震这场自然灾害引起的哀伤氛围，一下子陷入了双重危机。虽然没有明令禁止，但此时举办"开心惊喜"的活动显然是不合时宜的。就此，日本环球影城被进一步推入困难的深渊。

将不花钱也能做的事贯彻到底

在日本环球影城面临危机之际，森冈毅马上制订并实施了积极的获客方案。首先，他提出"从关西开始，让日本打起精神来"的口号，启动了儿童免费计划，所有关西地区的儿童都可以免票入场。据说，这一大胆的策略当时在日本环球影城内部引起了员工的反对，但是森冈毅为了重新挽回此前流失的游客，仍然坚持对儿童免票的优惠措施。于是，日本环球影城在2011年5月14日—6月30日约一个半月间开展了一场史无前例的优惠活动：居住在关西地区的每位成人游客可以免费带一位儿童游客入园。

不仅如此，日本环球影城还将目光锁定在万圣节上，计划届时举行大型活动。如今提起万圣节大家都不觉得陌生，因为近年来每逢万圣夜，涩谷的巨型交叉路口都会人潮拥挤，非常热闹。但是在2010年前后的日本，万圣节还只是一个小众的节日。

日本环球影城特地选择了万圣节，在2011年9月至11月期间举行了万圣节惊魂夜活动。这是一场极具特色的活动，可谓前所未闻。

要说儿童免费计划和万圣节惊魂夜有何特别之处，简单来说就是"不花钱就能吸引游客前来"。按照商业世界的一般逻辑，想要招揽客户就要进行一定规模的投资，常见的手段有开设全新特色游乐设施之类的设备投资，或是投放电视广告等宣传投入。但是这些措施的前提条件就是要花钱，而当时的日本环球影城并不具备这样的条件。就是这样，日本环球影城没有花钱吸引游客，而是坚持做不花钱也能做的事。

结果，儿童免费计划和万圣节惊魂夜都大大提高了日本环球影城的获客能力。尽管"3·11"日本地震刚发生不久，在2011年4月—2012年3月，日本环球影城的入园游客人数达到880万人次，实现同比增长。在21世纪的最初10年间，日本环球影城一直无法摆脱获客能力下降的问题，因此在"3·11"日本地震的影响下竟然还能恢复获客能力，这一成绩让员工们都重获了自信。

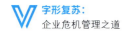

以改善后的财务体质与获客能力为基础进行巨额投资

为了巩固业绩"复活"的成果，日本环球影城采取的压轴措施是投入巨额资金，开设新的特色游乐设施。虽然通过万圣节等活动掌握了关西地区的家庭客户群体，但这时候的日本环球影城不过是关西地区其中一个主题游乐园。为了走出关西，走向全日本，日本环球影城决定投资引进全新特色设施。

2014年，日本环球影城放手一搏，全新园区"哈利·波特的魔法世界"开业。这个重金打造的特色园区共耗资450亿日元，与过去那些不花钱的获客方式截然不同。虽然巨额投资往往伴随着风险，但是日本环球影城通过提高获客水平逐步改善了自身的财务情况，所以才能下决心做出这一举措[1]。

开设哈利·波特园区，对日本环球影城来说是赌对了。过去它的游客群体主要集中在关西地区，如今扩大到关东地区甚至其他国家，成功开拓了来自四面八方的新客源。

日本环球影城通过不花钱的获客方式一点一点地积累成功经验，再通过巨额投资进一步强化了经营状况。日本环球影城2010

---

[1] 后来森冈毅回忆道："如果计划失败，那责任可不是我一个人就能承担得起的，公司有可能会因此而破产。"这是日本环球影城赌上企业命运的一次投资。

年入园游客人数仅为750万人次，到了2016年高达1 460万人次，成功实现了V字形复苏。

总结 | 是否拥有无人能及的执念？

日本环球影城之所以能够度过危机，宝洁公司的前营销专家森冈毅当然功不可没，但如果我们进一步挖掘更深层的原因，其实在森冈毅的举措里，我们能看到宝洁公司日本法人的企业文化——"执念"带来了很大的影响。

在市场营销工作中，最困难的并不是制订计划或者分析市场，而是无论在任何情况下都要把计划执行到底。尤其在日本环球影城这个案例中，它刚放出反击的信号，就在2011年3月11日遇到日本地震这个意料之外的危机，计划刚刚起步就碰壁了。尽管如此，日本环球影城仍然以"持续获客"为目标贯彻落实工作，最终实现了年度入园游客人数的增长。即使危机当前仍不放弃追逐事业成功的这份执念，正是危机管理过程中必须保持的心态。

虽然地震、海啸、台风等自然灾害都是不可抗力，但在大多数情况下，它们带来的影响只是暂时性的。就算异常情况持续几个月甚至几年，但始终会有结束的一天，危机不可能永远延续下去。面对不可抗力带来的危机时，也许无论谁都容易陷入悲观情

绪，不知不觉就停止了思考。但其实，在这种情况下能否想尽所有办法制订方案并将其贯彻落实到底，就决定了以后能否迎来柳暗花明的一天。

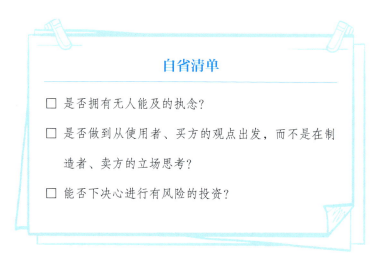

自省清单

☐ 是否拥有无人能及的执念？

☐ 是否做到从使用者、买方的观点出发，而不是在制造者、卖方的立场思考？

☐ 能否下决心进行有风险的投资？

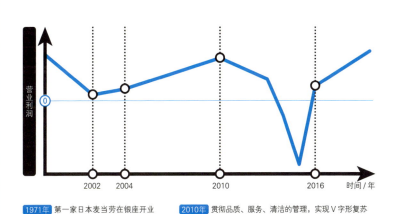

营业利润

时间 / 年

1971年	第一家日本麦当劳在银座开业
2002年	业绩日渐萧条
2004年	原田泳幸就任社长

2010年	贯彻品质、服务、清洁的管理，实现 V 字形复苏
2016年	问题鸡肉导致业绩亏损
2019年	贯彻品质、服务、清洁的管理，实现 V 字形复苏

微笑　　　　免费

回归原点，度过危机

相信本书的每一位读者都知道麦当劳这家连锁餐厅。1971年日本麦当劳在东京银座开设第一间餐厅，从此便将汉堡包这种食物带到了日本，大力推动了日本饮食习惯逐渐西化的进程，改变了日本人的饮食文化。

但是在21世纪第一个10年到第二个10年，日本麦当劳经历了一场漫长的危机。麦当劳要求全球门店必须贯彻"品质（Quality）、服务（Service）、清洁（Cleanliness）"（QSC）的管理标准，但是日本麦当劳却未能坚持这一标准，结果陷入了经营危机。其中一个危机是在2014年发生的过期鸡肉问题，相信部分读者还有印象。

本节将聚焦于日本麦当劳的"品质、服务、清洁"的管理体系崩溃所带来的危机，并分析它是如何克服这些危机的。

与客户建立信任关系

麦当劳以"品质、服务、清洁"作为企业文化，不仅在发源

094

地美国实现了发展，还走向了世界。

最先提出"品质、服务、清洁"的人是雷·克拉克①（Ray Kroc），他是将麦当劳发展成遍布美国的连锁餐厅的人。雷·克拉克认为，对于餐饮行业来说，想要顺利发展壮大，就要做好这三方面的基础管理。尤其在清洁方面，要求贯彻"随手清洁"（Clean as you go）的方针，从厨房到店面都必须是干净的。

雷·克拉克始终强调的"品质、服务、清洁"管理体系也被带到了日本麦当劳。1971年，美国麦当劳与藤田田②经营的藤田商店合资成立了日本麦当劳。在正式开业之前，日本国内就出现了很多负面评价，比如"那种东西怎么可能卖得动""熬不过三个星期"等。但是1971年日本麦当劳一号店在银座刚一开业，这种全新的食物就瞬间被人们接受。加上当时选择在银座这个黄金地段开设一号店，给人们留下了"汉堡包=麦当劳"的深刻印象③。

成功开设一号店的藤田田，随后便以浩荡之势继续开设新门

---

① 将麦当劳发展成美国第一快餐连锁店的重要人物。

② 经营着一家主要销售进口杂货的藤田商店，注意到麦当劳在美国非常流行，便与之签约开展合资经营。藤田田是通过餐饮业系统化发展促使汉堡包在日本普及的重要人物。

③ 当时的年轻人是麦当劳的支持者。20世纪70年代是日本青年文化的转型期。

店。这个时候的日本麦当劳做到了"品质、服务、清洁"管理。其实藤田田最初决定与麦当劳联手的理由，正是在于美国的麦当劳有一套完整的"品质、服务、清洁"管理体系。能够在众多店铺中提供统一标准的服务，这一点正是藤田田所看中的。不出藤田田所料，在开展连锁经营的过程中，"品质、服务、清洁"管理体系发挥了很大的作用。

日本麦当劳在维持顾客口碑的基础上，快速实现店铺扩张。它开业初年即1971年只有5家门店，10年后的1981年已经扩大到302家门店，次年，营业收入达到703亿日元，在餐饮行业位居日本第一。

只有10年历史的创业公司一跃成为日本国内餐饮业第一企业，麦当劳和藤田田本人都受到了媒体的关注。

过度扩张与过低价格

此后麦当劳继续在日本国内扩张门店网络。我们可以从1988年藤田田的一些言论中窥探到日本麦当劳的扩张路线，比如"从整体看来，日本国民确实都在向着吃汉堡包的方向转变""我们要继续发展餐饮业，直到某天日本的所有家庭都不再需要厨房"。到了2002年，日本麦当劳拥有3 891家门店，达到了日本国内门店数量的峰值。

但是，它在经营方面开始出现不好的迹象。虽然汉堡包销量可观，但是收益微薄，利润率进入了长期低迷的阶段。

收益变少的原因在于日本麦当劳在20世纪90年代一直坚持走低价路线。过去一直卖130日元的汉堡包，从2000年开始在工作日以65日元的价格销售，到了2002年，价格更是低至59日元，就此成为通货紧缩时代的宠儿，备受关注。虽然这是为了提高汉堡包消费量所采取的措施，但同时导致客单价下跌，蚕食了部分利润。

走低价路线的日本麦当劳给顾客留下了廉价的印象，甚至使门店员工的士气受到了打击。据说当时有顾客用这些非常便宜的汉堡包来喂宠物，一位店长听说这件事后哭了。

此外，这时候的日本麦当劳还遇到了另一个新课题。过去为了在短期内迅速扩大规模，日本麦当劳一口气开了很多门店，此时这些门店的设施开始老化，有损其清洁的形象。打扫卫生是员工每天日常工作的一环，也就是说他们一直在采取措施来保持清洁。但是开业接近30年，早期开设的门店出现老化迹象也是很正常的。然而这种长年累月逐渐老化的痕迹无法靠日常清洁来解决，因此，越来越多的顾客觉得麦当劳门店的环境很脏。

就此，日本麦当劳遭遇了两个危机。一个是陷入了"激进的扩张战略→低价汉堡包导致利润降低→门店员工士气低下"

的恶性循环，另一个是"店铺设施老化→给顾客留下门店肮脏的印象"的问题。在开业初期实施的过度的扩张战略，导致雷·克拉克主张的"品质、服务、清洁"管理体系在此时已经走到了崩溃的边缘。

面对日本麦当劳的这一状况，美国麦当劳也有着强烈的危机感。

面对多个课题的时候，应该从何入手？

同时面对两个大问题的日本麦当劳是如何在危机中保全自身的呢？

麦当劳做出的第一个决定，是从外部招聘职业经理人负责经营工作。自从麦当劳在1971年进入日本市场以来，一直由藤田田掌控着公司的经营方向。然而此时美国麦当劳总部决定终止此前与藤田田签订的合同，并调整了经营方针——将日本麦当劳作为美国麦当劳的子公司来运营。于是2004年，原田泳幸[1]就任日本麦当劳社长。

原田泳幸一上任就打响了一场要带领麦当劳回归"品质、服务、清洁"原点的战役。他首先着手的是员工的意识改革。原田

---

[1] 原田泳幸于1948年出生，1997年就任苹果公司日本法人社长，2004年就任日本麦当劳社长。

泳幸认为业绩恶化导致员工士气低下，以及门店失去活力，都是问题的关键。这时为了改变员工意识，他采取了"笑容免费"措施，吸引了广泛的关注。

随后，他着手提高客单价。21世纪初期，麦当劳因为销售低于100日元的汉堡包而成为通缩时代的王者，但同时也导致了客单价与利润率双双下滑。因此，原田泳幸改变产品开发思路，试图通过销售单价更高的产品来改善客单价。通过这一改革措施，麦当劳重新回到了收入、利润同步增长的轨道上。

最后，原田泳幸做出一个决定，就是在关闭亏损门店的同时，对现有门店进行设备投资。虽然有部分门店因此而关闭，但此时公司业绩已经有所好转，关店措施并没有打击团队的士气。因为这一决策，那些设备老旧的门店从此消失，日本麦当劳终于从根本上解决了问题，回到往日的清洁水平。

日本麦当劳分三步推进企业改革，第一步是提高员工的服务水平，第二步是开发有质量保证的新产品，第三步是为了保持清洁形象进行设备投资甚至不惜关闭部分门店，成功在2005—2010年达到收入与利润双提升，实现业绩的V字形复苏。

帮助公司成功摆脱危机之后，原田泳幸在2013年辞去日本麦当劳社长职务。次年，他在倍乐生控股集团（Benesse）任职社长。

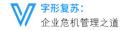
问题食品导致信任崩溃

看似已经成功度过危机的日本麦当劳,在2014年又遭遇到另一个危机,这一次是食品质量危机。日本麦当劳的鸡肉原材料供应商被曝光伪造食品保质期,向日本麦当劳出售过期鸡肉。

从消费者的立场来看,这就是日本麦当劳向顾客销售过期鸡块。这一事件严重损害了顾客对日本麦当劳的信任。受此事影响,员工陆续离职,打乱了一线门店的运营秩序。当时的日本麦当劳社长萨拉·卡萨诺瓦(Sarah Casanova)对外表示被供应商欺骗了,该发言可谓是火上浇油。

在伪造食品保质期的问题上,原材料供应商的行为当然是有问题的,从这个角度看来其实日本麦当劳也是受害者。但是对于那些购买了鸡块的顾客来说,他们认为"麦当劳欺骗了大家",这种情绪也是可以理解的。

因为在问题发生初期采取了错误的应对措施,麦当劳的信誉进一步受损。2010年来店顾客量曾经达到15亿人次,但是在过期鸡肉事件被曝光后,顾客量下跌到12亿人次,减少了3亿人次之多。

由于顾客人数减少,日本麦当劳的业绩也随之恶化,2014年12月财年和2015年12月财年都陷入了亏损状态。面对日本麦当劳低迷的业绩，母公司美国麦当劳也大感失望，甚至曾宣布要转让日本法人的股份。

回归原点才是最强进攻

在面对过期鸡肉和信任崩溃问题时，日本麦当劳再次选择了回归原点，也就是重新强调"品质、服务、清洁"。它首先要求员工贯彻改善服务的方针，在此基础上，为了让顾客感知到产品质量的改善，加强市场营销工作。

2015年，曾任职于宝洁公司的足立光①担任日本麦当劳的市场营销负责人。当时日本麦当劳的经营情况十分惨淡，已经被美国总部舍弃了。因此，足立光背水一战，在此时开始了市场营销工作的改革。

当时足立光的思路是"爱胜于恨"（love over hate）。他希望将消费者的注意力从发生了过期鸡肉问题的麦当劳转移到不断推出优惠活动的麦当劳上，围绕这一方针提出了很多方案，当中最有效的招数就是从社交网络思维出发开展营销。当时推特（Twitter）等社交网络在日本逐渐兴起，日本麦当劳为了鼓励顾客将产品照片放到社交网络上，特地将产品包装设计得很好看、

---

① 足立光于1990年以应届毕业生身份入职宝洁公司。宝洁公司培养出了很多擅长危机管理的员工。

很上镜，这个措施旨在将曾经流失的顾客重新吸引回来。

日本麦当劳还通过每周与不同的人气动漫角色联动，用富有新鲜感的方式不断开展活动，成功使顾客来店情况有所好转。这些措施有效提高了家庭客户群体的黏性，在很大程度上推动了客单价的上涨。此外，日本麦当劳社长萨拉·卡萨诺瓦还决定翻新门店，为此进行设备投资。虽然在21世纪头10年日本麦当劳也曾对门店进行过设备投资，但是当时部分工作没有落实到位①。因此，有必要再一次开展设备投资。

于是在2015年，日本麦当劳向金融机构融资220亿日元，启动设备投资工作。日本麦当劳放弃了一直以来坚持的零贷款经营，选择了负债经营的新路径。到了2019年年底，日本麦当劳的门店中，新建或翻新后未满7年的店铺占90%。消费者纷纷给予好评，觉得麦当劳的门店又新又干净。于是顾客又回到麦当劳消费，2018年的来店顾客量恢复到14亿人次的水平。美国麦当劳总部也取消了转让日本麦当劳股份的计划。

日本麦当劳在面对问题鸡块这场食品质量危机的时候，再次选择回归"品质、服务、清洁"的原点，提高服务水平、进行设备投资以维持店面清洁，在此基础上加强市场营销让顾客感知到

---

① 当时日本麦当劳将设备投资工作委任给各加盟店的经营者，因此并未能完全按照计划来推进。

品质的改善，最终成功摆脱了危机。

总结 ｜ 回归原点正是成功迈向未来的起点

本节我们介绍了麦当劳从创业初期开始便在美国提倡"品质、服务、清洁"，日本麦当劳也同样重视"品质、服务、清洁"。可以说麦当劳是凭借"品质、服务、清洁"把握住顾客，并一路发展壮大起来的。然而每过一段时间，"品质、服务、清洁"就会失灵。究其原因，在于这三点应该放在不同长度的时间轴上思考。

首先，服务是这三点之中最容易着手改善的，也是最容易改善的。只要员工愿意做，就能做好，而且能在短期内呈现出效果，能够反映出不同时期的业绩好坏、士气高低。

其次容易改善的是品质。基于员工的品质意识，对供应商进行遴选，再通过市场营销加大宣传，顺利的话只需要几个月就能看到成果。只要能拿出一定的成果，其积极影响能持续一段较长的时间。

最后，清洁其实是需要从长远角度考虑的工作。即使能确保员工每天打扫卫生，设备还是会老化，而且老化的过程非常缓慢，即使每天在门店工作的员工感觉不到，餐厅环境还是有可能被顾客认为不干净，从而不再光顾。因此为了保持清洁，必须制

订时间跨度很大的设备投资计划，企业管理者也应该具备长远的目光。

同理，对于商务人士来说，处理好日常工作当然重要，但同时必须具备更为长远的目光。这里所指的并不是诸如"未来会变成怎样"之类的幻想或者狂妄自大的愿景，而是一种从当前现状出发，基于规律进行推测的长远目光，比如"10年、20年之后，现在的设备会变成什么样""如果维持现状，几年后会变成什么样"。

正如物业管理委员会的会计定期征收房产维修基金①，作为将来发生故障的维修费用一样，对于将来一定会出现的问题，我们应该从现在开始做好准备，未雨绸缪。这能够帮助我们筑起一道抵御未来危机的防火墙。

---

① 在日本，购房时需要支付一笔维修基金，之后也要每月缴纳维修基金，用于物业的长期保养及维修。该基金根据长达数十年的物业维护计划进行征收及使用，由业主委员会和物业管理公司共同监管。根据楼龄、面积、结构等因素，不同物业所需缴纳的基金金额有所不同，一般由全部业主平均分摊。——译者注

自省清单

☐ 是否以长远目光看待问题，是否已考虑到将来一定
会出现的问题？

☐ 是否已经为将来必须进行的设备投资提前做好了部署？

☐ 是否对将来可能发生的问题视而不见，迟迟不采取
措施？

案例 08　日本天气新闻公司

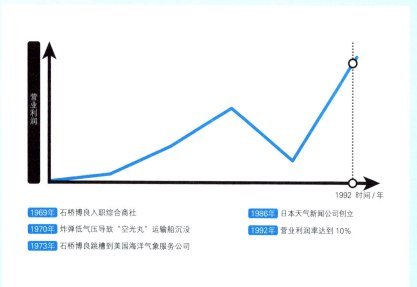

营业利润

1992 时间 / 年

1969年 石桥博良入职综合商社	1986年 日本天气新闻公司创立
1970年 炸弹低气压导致"空光丸"运输船沉没	1992年 营业利润率达到 10%
1973年 石桥博良跳槽到美国海洋气象服务公司	

以当事者意识挑战由不可抗力所引发的危机

天气预报是任何人都能查询到的免费信息。但有一家与众不同的上市公司，正是凭借天气预报获得了很高的收益。它就是本节要介绍的日本天气新闻公司（Weathernews）。

日本天气新闻公司的业务模式非常独特，是向客户提供与天气有关的增值服务，比如根据天气预报向船舶公司推荐能够节约燃料的最佳航路、向零售商提议减少库存损失的措施等。2019年，该公司的营业利润率超过10%，是一家低调的优良企业。

本节将聚焦于日本天气新闻公司的创业初期。这是关于一名亲身经历自然灾害的商社员工，在强烈的危机意识与当事者意识的驱动下创立了一家公司的故事。在他直面危机、克服危机的经历中，想必包含着对今天的我们来说很有启示性意义的东西。

事不宜迟，让我们一同看看日本天气新闻公司是如何克服危机，实现持续发展的吧。

字形复苏：
企业危机管理之道

精英商社员工在日本木材产业崭露头角

日本天气新闻公司成立于1986年，但其实它的创业史可以追溯到1970年1月。当时一股炸弹低气压侵袭日本东部，引起的大风将一艘名叫"空光丸"的木材运输船吹翻了。这场事故导致15名船员丧生。有一名青年为这场事故感到痛心不已。这名青年当时所在的公司叫安宅产业（Ataka），是一家综合商社。虽然该公司于1977年被另一家综合商社伊藤忠商事吞并，如今已不复存在，但在20世纪70年代的日本社会中具有很高的知名度。安宅产业的强项是木材销售，是一家凭借进口木材占据了一定市场份额的优良企业。

石桥博良[①]在1969年作为应届毕业生进入了安宅产业，他就是后来日本天气新闻公司的创始人，但这时的他只是就职于安宅产业的众多精英白领中的一员。石桥博良曾获得奖学金赴美留学，英语十分流利，据说在职场中也表现突出，在同期入职的员工中业绩名列前茅。石桥博良被分配到木材部门，这是安宅产业的核心业务部门，他从此开始了埋头工作的日子。石桥博良负责

[①] 石桥博良：1947年出生。就读于北九州市立北九州大学外国语学院，本科毕业后进入安宅产业。1973年跳槽到美国海洋气象服务公司的日本法人，1986年创立日本天气新闻公司。

的业务是北美木材进口到日本这一过程中的物流管理。采伐自北美地区的木材被运输至当地港口，再由船舶运输到日本。而石桥博良的任务就是"解决如何以更低廉的成本将木材从北美运输至日本"。

虽然可以通过缩短木材的运输时间来削减成本，但是日本国内港口的卸货能力有限，因此问题的关键就在于如何根据忙闲情况合理安排目的港口。石桥博良在海运公司中培养人脉，积极收集与港口、码头相关的各种信息，逐渐成为一个船舶运输专家，在行业中崭露头角。

炸弹低气压导致木材运输船沉没

1970年1月，据说当时石桥博良一如往常地向运输木材的船"空光丸"发出了指示。"空光丸"的原定目的港口是大阪港，但是石桥博良收到了大阪港卸货作业出现延迟的消息。受此影响，可以预料到即使"空光丸"停靠在大阪港，也无法在10天之内完成卸货作业。如果运输船在码头停泊10天，根据测算，最高损失金额将达到2 000万日元[①]。此时，石桥博良想到了一个办法，他开始寻找大阪港以外的其他港口。得知福岛县的小名滨港

---

① 在卸货作业完成前的等待时间，安宅产业也要向船舶公司支付船舶使用费，因此这种情况下预估会发生高昂的损失。

能够马上开始卸货作业，于是他对"空光丸"发出指示，要求将目的港口改为小名滨港。接到安宅产业的指示后，"空光丸"将目的港口从大阪港改为小名滨港，继续在太平洋上航行。1月31日，"空光丸"停泊在小名滨港外。天气情况并没有明显恶化，船只进入小名滨港的过程很顺利。

但是这时候天气骤变，小名滨港被一股炸弹低气压袭击。因天气骤变而失控的"空光丸"撞向防波堤，于当天下午6点沉没。这场事故极其严重，船上的15名船员全部遇难[①]。

以当事者的立场面对天灾

可想而知，这场海难事故对当时只有23岁的石桥博良带来了巨大的打击。这次炸弹低气压发生得太突然，没有人能预测到它的到来。这场事故的发生在很大程度上是由无法预测的天灾引起的，因此责任也不完全在石桥博良身上。但是这个时候，石桥博良却认为这次事故是由人祸引起的。他想，如果当时有高精度的气象数据，就能够防止这场严重的海难事故发生。

自那以后，石桥博良虽然继续留在安宅产业工作，但是由于未能为防止海难事故再次发生而拿出行动，因此对这样的自己感

---

① 当时遇难的船员中，大部分都是20多岁的年轻人。

到很愤怒，始终难以释怀。于是石桥博良在1973年，也就是他进入安宅产业后的第4年，做出了一个重大决定。他转行到美国海洋气象服务公司①（Oceanroutes）的日本法人，这是一家为进出日本的船舶提供海洋气象信息的企业。之前石桥博良在安宅产业的职业生涯稳定而顺利，但他却跳槽到一个名不见经传的外资企业的日本法人，走上了与气象信息打交道的道路。

美国海洋气象服务公司为船舶提供的服务叫作"最佳气象航线信息服务"。对于海运公司来说，气象预测信息是必不可少的，既能用于判断气象状况，防止海难事故的发生，也能引导船舶在更稳定的海域航行，进而节省燃料。正因如此，虽然向船舶提供气象预测服务这个领域非常小众，但确实存在市场空间。

向海运公司提供海上气象预测服务是美国海洋气象服务公司的业务，同时也正是石桥博良选择的事业方向。据说在入职之前，石桥博良就对美国海洋气象服务公司日本法人的社长提出了条件："现在我不谈工资待遇，但我一定会让市场规模翻倍，到时我的工资也要翻倍。"就此，石桥博良破釜沉舟，为今后进入气象预测行业做好了心理准备。

---

① 美国海洋气象服务公司是创立于1967年的美国创业公司。

提供气象预测增值服务

石桥博良在就职于安宅产业期间就积累了不少海运公司的人脉资源，进入美国海洋气象服务公司后，他运用这些人脉资源做出了一番成绩，不仅实现了前面所说的工资翻倍，还在1976年——年仅29岁的时候就成了美国海洋气象服务公司日本法人的一把手。在那之后石桥博良也一直业绩出众，1980年在美国海洋气象服务公司的美国总部就任副总经理。

不过，石桥博良并不满足于美国海洋气象服务公司的经营方针。当时美国海洋气象服务公司专注于向船舶提供气象预测服务，而石桥博良向公司提议进军陆运市场，以更进一步发挥气象预测的潜能。然而，双方观点未能达成一致，因为意见对立，石桥博良决定离开美国海洋气象服务公司。之后，石桥博良在1986年创立了一家公司，也就是日本天气新闻公司。当时，管理层收购（MBO）[1]的方式还不常见，石桥博良通过这种方式，将美国海洋气象服务公司日本法人的部分业务独立出来，设立了一家提供气象预测及相关综合服务的公司[2]。

---

[1] 指企业经营层向既有股东收购本公司股权，使企业的经营者变成企业的所有者的行为。

[2] 石桥博良通过将美国海洋气象服务公司的陆运及航空部门以管理层收购的方式独立出来，成立了日本天气新闻公司。

日本天气新闻公司所提供的气象预测，并不是简单地对天气情况进行预测，而是在天气信息的基础上向客户提供增值服务，以此实现差异化。例如，日本天气新闻公司有一部分零售业及食品制造商客户。对于便利店等零售商来说，订货是日常工作的一部分，但是便当等产品的销量在很大程度上会受到第二天天气情况的影响。针对这一问题，日本天气新闻公司通过提供精准定位的天气预报，实现了减少产品损耗这一附加价值[①]。而且，日本天气新闻公司在提供气象预测服务的同时，也十分重视系统开发，例如前面提到的面向零售业的气象预测服务，日本天气新闻公司通过将气象预测系统镶嵌到客户的订货管理系统中，使两个系统能够作为一个整体实现联动。这样做使零售业客户更加离不开气象预测服务。

除此以外，日本天气新闻公司还跟其他需要用到气象信息的机构开展业务合作，例如航空公司、电视台、主题游乐园等，扩大了业务规模。当然，公司所提供的服务并不只是天气预测，还有向航空公司提供安全航路信息、向电视台提供天气预报三维电

[①] 20世纪90年代初期，某糕点制造商在对面包生产量进行决策的系统中导入了中长期气象数据。

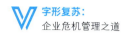

脑特效影像系统[①]、向主题游乐园提供预测烟花及巡游表演的最佳时间段服务[②]，致力向客户提供不可或缺的重要信息。

1992年，日本天气新闻公司的营业收入为35亿日元，经常性损益为3.5亿日元，实现了高收益。后来该公司更在2000年成功登陆日本纳斯达克，成为世界上第一家上市的天气预报公司，备受瞩目。此后该公司顺利扩大业务规模，2019年5月财年营业收入170亿日元，营业利润20亿日元，盈利情况良好。

日本天气新闻公司通过利用气象信息为客户创造价值实现了业务规模的扩大，同时作为一家独一无二、特点鲜明的企业实现了非常高的收益率，也挖掘到了自身的存在价值。

总结 | 有危就有机，你的当事者意识有多强？

面对自然灾害等防不胜防的危机，很多人会感到一股怒火无处发泄，这往往会导致无辜的第三者成为泄愤的对象。面对自然灾害这种不可抗力带来的危机时，出于人类的本性，很多人会开始寻找替罪羊，心里想着"都怪某某"，然后把责任转嫁给别人。这时候，不因为不可抗力带来的危机而满腹牢骚，积极去思

[①] 日本天气新闻公司从1984年开始与朝日电视台合作，正式将业务领域扩大到电视行业。

[②] 日本天气新闻向日本环球影城提供定点天气预报服务。

考应该如何解决问题，才可能找到解决问题的突破口。在日本天气新闻公司的案例中，创始人在亲身经历炸弹低气压这一自然灾害带来的危机后，为了减少灾害带来的损失，他决心进入天气预测行业。这种主动向危机发起挑战的姿态，成就了一家高收益企业，也转化成了企业事业的脊梁。

在危机面前，商务人士应该做的不是向他人追究责任，而是以当事者意识直面危机。在灾害和紧急状况之下，发牢骚、表达不满都很容易，但在你发牢骚的时候，那些能够带着当事者意识解决问题的人，已经稳步向前迈进。这样的人才能发掘出客户的需求，真正成为后世传颂的对象。

在自然灾害等大规模突发性事件面前，人类非常渺小。也正因如此，我们必须时刻保持谦逊，带着当事者意识开展自己的行动。

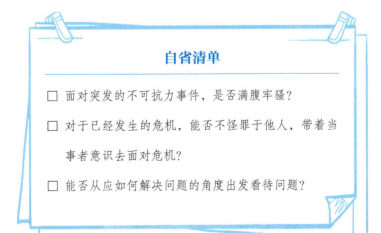

自省清单

☐ 面对突发的不可抗力事件，是否满腹牢骚？

☐ 对于已经发生的危机，能否不怪罪于他人，带着当事者意识去面对危机？

☐ 能否从应如何解决问题的角度出发看待问题？

案例 09 伊势丹

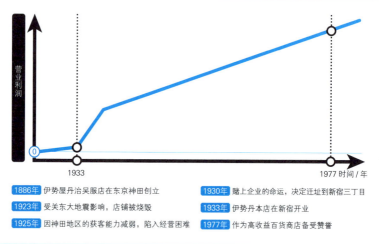

营业利润

0

1933   1977 时间 / 年

1886年 伊势屋丹治吴服店在东京神田创立
1923年 受关东大地震影响，店铺被烧毁
1925年 因神田地区的获客能力减弱，陷入经营困难

1930年 赌上企业的命运，决定迁址到新宿三丁目
1933年 伊势丹本店在新宿开业
1977年 作为高收益百货商店备受赞誉

正确把握行为与价值观的变化

20世纪90年代以后，在日本零售业，专卖店开始崛起，而什么都有的百货商店则迎来了夕阳时代。不过，在20世纪80年代之前，百货店一直是日本零售业的唯一霸主。那时候，即使是同一件产品，只要加上百货商店的包装，就能卖得更贵。在百货商店购物这一行为本身就代表着一种社会地位。其中以强大的获客能力著称的，就是位于日本数一数二的黄金商圈——东京新宿三丁目的伊势丹（Isetan）。20世纪70年代以后，伊势丹的获客能力十分突出，其利润率高于历史悠久的三越百货。甚至在进入21世纪以后，绝大多数百货商店都只能苦苦挣扎，唯独伊势丹新宿总店维持着过人的获客能力①。

在百货行业中拥有如此过人实力的伊势丹新宿总店，其实也曾经历过经营危机。在本节中，我们将时针往回调到100年

---

① 2008年，三越百货与伊势丹进行经营重组，成立了三越伊势丹控股。这意味着百货行业进入了一个新时代——即使是老牌企业，也无法避免行业重组。

前，一起来看看伊势丹曾遭遇到怎样的重大危机，以及在克服危机之后，又是如何获得强大的实力，时至今日仍引领着百货行业发展的。

如何面对突然而至的天灾和人们的行为模式随之而发生的变化，以及如何树立一个经久不衰的品牌，相信我们能在这些经验中，找到适用于当下的启示。

面对紧急事态，东京人的行为发生巨大变化

自明治时代以来，在经历天灾、战争的洗礼后，东京的城市结构经历过多次巨变，逐步发展了起来。发生于大正时代[①]1923年的关东大地震也是促使东京的城市结构发生巨大变化的天灾之一。在关东大地震发生之前，"在东京生活"这个概念多数是指住在东京的东边，或者隅田川周边地区。其原因在于在大正时代以前，水运一直是东京物流网络中的主流运输方式。当时汽车与铁路网还不发达，水运因为能以更低的价格运输大量物资，受到了人们的青睐。各种物资在隅田川交汇，因此在隅田川以及源自隅田川的无数条运河的两岸，出现了一排排仓库，人们在运河沿岸采购各种生活必需品。许多人在这一带营生。

在关东大地震发生之前，东京的核心商圈就是这一片植根于

---

① 大正时代是日本大正天皇在位的时期，为1912—1926年。——译者注

水运的土地。例如沿着隅田川顺流而下，浅草、两国、日本桥一带发展成了东京最繁华的商圈，此外，与隅田川交汇的神田川沿岸，也变成了繁华的物流据点。人们的生活圈集中在东京东侧，这就是关东大地震发生前的东京的常态。

然而，1923年，受关东大地震影响，隅田川沿岸的核心商圈遭到了毁灭性的打击。地震后引发大火，东京东侧一带几乎全部被大火烧毁，日本桥、浅草、两国这些繁华街区也未能幸免。地震中约有10万人丧生，据称九成以上遇难者都是在火灾中身亡的。当时东京以木结构建筑为主，这是加重了火灾灾情的重要因素。在这次重大灾害之后，东京的居民开始移居到城市的西侧，与建筑物林立的东侧不同，当时东京西侧只有广阔的荒地与农田，是农村地区。人们移居的目的地，就是现在的涩谷区、新宿区、丰岛区、大田区等地。恰好在同一时期，一项将会给人们的生活带来巨大变革的技术开始发展起来。那就是首都圈的私营铁路网络渐趋完善。

1923年，东急电铁的第一条线路目蒲线（目黑—田园调布—蒲田区间）正式开通，使得过去盛产竹笋的大田区，一下子出现了很多房地产开发项目。1927年，小田急电铁（新宿—小田原区间）开始运营，过去遍地种着萝卜的世田谷区迎来了人口的急速增长。

字形复苏：
企业危机管理之道

铁路这项新发明让东京的郊区从农作物产地变成了在市中心上班的人们居住的地方，人们的生活也发生了巨大的变化①（见图2-1）。

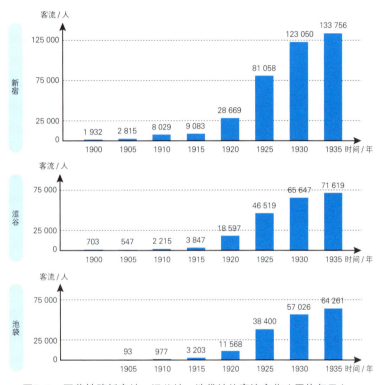

图2-1　国营铁路新宿站、涩谷站、池袋站的客流变化（平均每天）

---

① 在关东大地震前后，东急电铁、小田急电铁、京王电铁、西武铁路等新兴电铁公司陆续诞生，因人口迁移这一利好因素，实现了快速发展。

以关东大地震为契机，郊区开发工作向着城市的西侧推进，陆续诞生出许多全新的片区，例如20世纪60年代出现了多摩田园都市，20世纪70年代出现了多摩新城等。东京居民向西搬迁的行为演变成一种中长期社会变化现象，向西搬迁是当时的主流趋势，直到21世纪初政府呼吁人们"回归都心①"。②

在这股潮流之中，新宿、池袋、涩谷发展成为繁华街区。它们都是东京郊外的私营铁路终点站所在地，迎来了许多搬迁至郊区的人，并因此发展了起来③。

灾后迅速恢复经营反成经营危机的导火线

伊势丹的历史，从1886年（明治时代④中期）创始人小菅丹治在东京的神田旅笼街创立伊势屋丹治吴服⑤店开始。正如前面提到的，当时的东京是依赖水运的城市，伊势丹就在神田这个繁华商

---

① 东京曾实行过市制和府制，自1943年开始实施东京都制，因此现在人们称东京为东京都，其中心城区被称为都心。——译者注

② "森大厦"就是在人们回归东京中心城区的潮流下快速成长起来的企业。

③ 相反，浅草、两国、日本桥、神田等东京传统商圈迅速走向衰落。在20世纪70年代，浅草曾一度被称为"鬼城"。

④ 明治时代是日本明治天皇在位时期，为1868—1912年。——译者注

⑤ 吴服是和服所用面料的总称，尤指丝织物。——译者注

圈顺利地发展了起来。到了1923年，关东大地震发生，伊势丹也同样未能避免店铺被烧毁的惨痛经历。不过伊势丹很快就从震灾中重新振作了起来。在关东大地震发生后短短一年，伊势丹便吸取店铺被烧毁的教训，用混凝土重建店铺，重新开始营业①。这样看来，伊势丹似乎已经从关东大地震这一前所未有的危机中重新站了起来。

然而现实却没有想象中顺利。虽然神田地区的这家店铺进行了重建，但是来店顾客明显比以前减少了。因为在关东大地震之后，东京居民开始向郊区搬迁，所以神田这个传统繁华商圈的客流量随之变少。

在关东大地震之前形成的那些商圈中，神田的衰落速度尤为明显②。因为同样是关东大地震前形成的商圈，浅草拥有电影这一娱乐产业，而神田却连相对突出的娱乐服务都没有。我们可以从吴服店数量锐减的趋势观察到神田快速衰落的步伐：1925年有258家吴服店，1929年减少到148家，到1932年只有102家。地震后不到10年，过半数吴服店离开了神田，情况非常严峻。在客流变

---

① 震灾前的伊势丹是一家吴服店，震灾后变为百货商店继续经营。

② 万世桥车站的关闭也对神田的商业带来了很大影响。地震前，神田是国营铁路和有轨电车的换乘站，并因此发展了起来，但在地震后，因为城市交通体系发生了变化，神田不再是换乘站。

化的影响之下，尽管伊势丹顽强地率先在神田重建店铺、重新开业，但这反而让公司陷入了经营危机。

赌上企业命运迁往以后会发展起来的地方

"当然，当时店里出现了很多不同的意见，有人说'好不容易才完成了店铺重建'，也有人觉得'舍弃祖先留下的土地十分可惜'。但是当时我站在事业生死存亡的关键节点上，祖先传承下来的土地又有什么用呢？总之我当时下定决心，一定要以最快速度离开这个地方，进驻到合适的购物商场中去。面对当时因为轻视地利而造成的失误，唯有一个英明的决断才可能力挽狂澜。"（引自《伊势丹百年历史》）

伊势丹急于在短期内重新营业，却忽视了地震后居民迁移这一结构性变化，因此陷入了经营危机。这时让伊势丹重新振作起来的，是第二代小菅丹治①。前面这段话，就是小菅丹治计划离开神田这片耕耘多年的土地，在新的土地上从头开始时的心境。从"因为轻视地利而造成的失误"这个说法可以看出，小菅丹治对

———————————

① 当时的日本企业，如果创始人的儿子难堪大任或是没有儿子，会通过收养养子或让女婿入赘的方式确定接班人。第二代小菅丹治就是初代因为看中其商业才能而招来的入赘女婿，后来继承了这一称号。——译者注

店铺选址错误一事感到十分后悔。

　　小菅丹治选择的新土地就是新宿。据说他在对东京各大商圈的交通流量进行调查后做出判断，最终选择了新宿。

　　然而，关东大地震后在神田用混凝土重建店铺后，陷入经营困难的伊势丹在筹措资金的过程中吃了不少苦头。小菅丹治请求寿险公司及财经界的有力人士提供资金支持，但结果都不理想。好不容易找到愿意出资的人，也是低声下气地央求才肯答应的。现实就是如此冷漠。当时的伊势丹的借贷信用度低，而且人们对它能否在新宿取得成功持怀疑态度[①]。

　　1931年，东京市将位于新宿三丁目的有轨电车车辆段的一部分土地拍卖出售。小菅丹治决定参加土地竞拍时，对自己的儿子说："如果这次失败了，你们就只能去当伙计了，从现在起做好心理准备吧……[②]"小菅丹治几乎将自己手上的所有资产都用来竞拍了。通过这次竞拍，他得到了现在伊势丹所在的那片土地。

　　到了1933年，卖场面积达到18 470平方米的伊势丹总店在新宿三丁目开业，试图在新宿这片新天地上重新出发。伊势丹这家

---

① 这是因为在关东大地震之后，很多人认为银座会成为下一个核心商圈。灾害过后，三越、松坂屋等同业竞争对手都在银座开店。

② 一直以来小菅家家境良好，但如果未能按计划在新宿开店，就会失去全部财产。当伙计是指给别人打工，意味着家道中落。

位于新宿的老牌百货商店，曾有着这样一段勇担风险、当机立断的历史。

土地的发展助推了事业的成功

不出小菅丹治所料，随着郊区的发展，新宿这片土地也发展成为人气兴旺的繁华商圈。1972年，即发生关东大地震约50年后，在日本国税厅的地价评估中，新宿的地价一举超越了银座。当时的《读卖新闻》是这样报道的："日本最贵的土地，大家都认为是东京的银座，但在本次调查中，新宿首次登上第一。"这就是随着东京居民向西搬迁，核心商圈霸主地位更迭的历史性瞬间。

在新宿商圈客流量的助推之下，伊势丹的业务规模顺利扩大。公司积极扩张卖场面积，首先在进军新宿后不久的1935年收购了邻近的百货商店布袋屋（Hoteiya），顺利扩大了卖场面积；后来20世纪50年代再一次从政府手中购得追加出售的有轨电车车辆段地块，就此伊势丹总店在新宿三丁目拿下了一大片土地。

在新宿这片人气兴旺的土地上打造了一家巨型店铺的伊势丹，成了行业中快速成长企业的代表，其收益在20世纪70年代的百货行业中首屈一指，被各界称为优良企业。伊势丹集中资源在新宿进行投资的做法吸引了广泛关注，人们称之为单店豪

华主义。

本节开头介绍过，自20世纪90年代以来，专卖店的崛起使百货行业陷入困境，业内阴云密布，连巨头伊势丹也在2007年宣布与三越合并。不过此后伊势丹新宿总店的经营情况仍然稳健，2014年其营业收入约为2 600亿日元，由此推断营业利润约为200亿日元。伊势丹在夕阳时代中持续引领着百货行业发展，至今仍保持着它的行业地位。

总结 | 看清结构性变化

在面对诸如关东大地震等巨大的突发性危机时，很多人都会采取行动，希望尽快恢复到灾前的状况。对于前所未有的受灾情况，优先考虑当下利益、谋求生存的做法，可以说是一种合理的判断。这是因为人类的思维往往是"想尽快恢复常态，哪怕只快一天都好""只要恢复往常的状态，日子就能重回正轨"。

但是这些前所未有的危机，却屡屡对人们的行动、城市的结构带来巨大变化。关东大地震引起了"东京人口自东向西迁移"这一巨变。伊势丹忽视了这一结构性变化，在神田这片土地上以混凝土重建店铺恢复运营，结果却陷入了经营危机。这告诉我们，即使危机本身已经过去，人们的行动模式却往往已经发生大幅变化，再也不会复原。哪怕在短期内克服了危机，如果无视长期的结构性变化，其经营实力只会逐步被削弱。

本节给我们的教训是"当一个可能改变这个地区、这个社会的现状的巨大危机来袭时，决不能只考虑如何解决眼前的问题，一定要关注到结构性的变化"。在巨大的危机之下，人们的价值观也会随之发生巨变，企业能否跟上变化的步伐，是决定成败的关键。

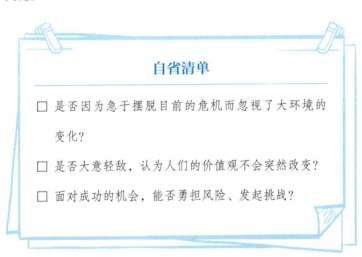

自省清单

☐ 是否因为急于摆脱目前的危机而忽视了大环境的变化？

☐ 是否大意轻敌，认为人们的价值观不会突然改变？

☐ 面对成功的机会，能否勇担风险、发起挑战？

案例 10 森大厦

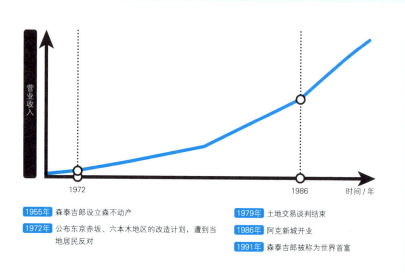

营业收入

1972   1986   时间 / 年

1955年 森泰吉郎设立森不动产

1972年 公布东京赤坂、六本木地区的改造计划，遭到当地居民反对

1979年 土地交易谈判结束

1986年 阿克新城开业

1991年 森泰吉郎被称为世界首富

坚持进行憨直的沟通

森大厦（Mori Building）是一家以东京港区为中心，拥有众多物业并相继打造出阿克新城（Ark Hills）、六本木新城（Roppongi Hills）、虎之门新城（Toranomon Hills）、表参道新城（Omotesando Hills）等新城的房地产公司。这些新城分别是不同年代的代表性建筑，被各种媒体广泛报道，而且在21世纪初，还出现了"新城一族[①]"一词，可见森大厦主导开发了多个引领时代潮流的城市建设项目。

看着森大厦参与的城市建设与房地产开发项目，人们也许会以为森大厦只是一家有品位的房地产公司，但这个评价过于片面了。森大厦在开展城市改造项目的时候，需要与当地居民达成共识，有时还不得不面对居民发起的抵制城市改造活动。这些经过森大厦改造后变得高楼林立的区域，其实以前全都是住宅区，是

[①] 指将公司总部设在六本木新城的IT创业公司及风投基金等企业的法人代表，以及住在六本木新城内的住宅大楼（名叫"六本木新城住宅"）的居民。

一片片承载着众多市民日常生活的土地。

本节将当地居民的抗议活动定义为一种危机，剖析森大厦是如何克服这些危机的。

东京都中心出现人口减少现象

2020年，东京都的中心城区人口持续增长。在"回归都心"的号召之下，东京的人口长期呈现增长趋势，众多塔楼公寓相继落成。1995年，港区只有约15万人口，到了2020年已增长到26万人。在仅仅20多年之间，东京都中心城区的人口实现了迅猛的增长。然而，当我们回顾历史时，会发现回归都心不过是最近二三十年才出现的潮流，在那之前人口呈现持续减少的趋势。20世纪60年代，港区人口约为25.6万人，与2020年的人口几乎持平。也就是说，东京都中心城区的人口从20世纪60年代开始逐渐减少，90年代跌至谷底后，随着回归都心潮流的兴起，人口开始增长（见图2-2）。这是一个生动的变化过程。

最能反映人口流出情况的，应该就是小学的停办与兼并。人口流出一般从成年人群中较为年轻的群体开始，因此随着这些年轻家庭的流失，儿童人口也会显著减少。实际上在20世纪60年代后期①，东京都中心城区的小学出现停办与兼并的情况，引起了广泛关注。这个时期东京都中心城区人口越来越少，"甜甜圈现象②"一词引起热议。针对这一问题，日本政府在1969年制定了《城市再开发法》。这部法律以阻止人口流出为目的，明确规定了在城市改造项目中，只要获得了2/3的土地所有者的同意，即使剩余的1/3土地所有者持反对意见，也可以转让土地权益。这反映了日本政府希望通过在东京都中心城区进行大规模的城市改造，来阻止"甜甜圈现象"进一步加剧。

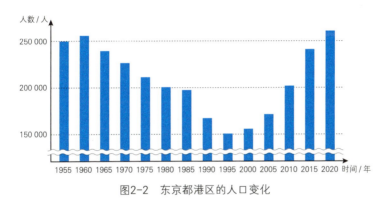

图2-2　东京都港区的人口变化

---

① 1966年，东京千代田区立神龙小学（神田校区）停止办学，东京都中心城区的人口流出现象成为社会问题，引起了广泛讨论。

② 指居民由城市中心搬迁至外圈，城市呈现中间空心的甜甜圈形状。由于港区等地地价上涨，很多本来居住在东京中心城区的人出售了这些地区的土地，移居到世田谷区、杉并区等地。

字形复苏：
企业危机管理之道

遭到居民强烈反对

《城市再开发法》的制定，意味着日本从此进入更容易实施大规模城市改造的时代。森大厦的森泰吉郎就是一位敏锐地捕捉到这一时代潮流的企业管理者。

1955年，森泰吉郎创立了森大厦的前身森不动产，开始涉足大厦运营行业，20世纪60年代，公司在东京港区的虎之门、西新桥等地区建成了大量写字楼。森泰吉郎不仅是一名房地产行业的创业公司经营者，因为在港区拥有大量土地，他同时也是一位对土地情况了如指掌的房地产行业专家。

直至20世纪60年代，森大厦通过将人们祖祖辈辈继承下来的胡同杂院改造成现代化写字楼，逐步扩大了公司的业务规模。可以说，森大厦是一家将东京都中心城区从人们居住的地方变成人们工作地方的企业，这意味着它是一家助长了中心城区人口流出问题的企业。

但是，随着1969年《城市再开发法》的制定，森泰吉郎调整了公司的经营方针。与过去将老住宅区改建为写字楼的做法不同，森大厦以开发兼具居住与办公功能的"职住一体化"空间为方针，进行城市改造。这是因为森大厦判断，在《城市再开发法》实施后公司能够获得大片土地，因此对经营方针做出了调整。

于是1967年，森大厦开始在赤坂及六本木地区①，也就是现在阿克新城的所在地，秘密地推进土地收购事宜。在关东大地震中，这片区域的受灾情况并不严重，因此依旧聚集了许多木结构建筑，街道狭窄，曾被批评存在安全隐患。森大厦率先敏锐地注意到了这片迟早要进行旧城改造的土地。

到了1972年，东京都公开表明有必要对赤坂、六本木地区进行旧房改造（简称"旧改"），于是全社会都知道了这个旧改计划。这时，作为一家民营企业，森大厦申请参加该地区的改造工程。日本国内首个由民营企业负责的大规模城市改造项目，就此拉开了序幕。

然而，该地区的居民对这项由森大厦主导的旧改计划感到很困惑，毕竟对于本地居民来说，这意味着他们安稳地居住了很多年的地方，突然被告知要实施一项史无前例的由企业来进行的改造工程。因此部分居民反对森大厦的旧改计划，到处派发印着"森大厦这个入侵者滚出去""坚决抵制强行旧改，城市建设要以民为本"的传单来表示抗议。森大厦的旧改计划因此陷入停摆。在

---

① 指现在的赤坂一丁目到六本木一丁目一带，这片区域因坡道较多，无法铺设宽敞的道路。森大厦收购的土地范围从该地区一家名叫高岛汤的公共澡堂的所在地开始。

旧改计划正式宣布后三年，相关土地交易事项依然毫无进展。

这项森大厦赌上了企业命运去推进的改造项目，就此停滞不前。那么，森大厦是如何成功摆脱这一危机状况的呢？

当作毕生最重要的工作对待

面对激烈的抵制运动，森大厦采取的解决方针是与当地居民进行沟通，哪怕花点时间也要将旧改工作落实到底。作为当事人，森泰吉郎已经做好了思想准备："这是决定我毕生命运的重要关头，是对我过去的人生的一场清算，也是影响公司将来发展的关键部署。"

森大厦先是决定发行一本名叫《赤坂、六本木地区通信簿》的小册子。小册子上刊登着本地居民关心的话题及旧改信息等内容，每月发行两次，由森大厦的员工派发给拟改造地区的居民。通过这项小小的举措，森大厦创造了与当地居民面对面交流的机会。而且，这本小册子特地将"积极刊登反对意见以及对森大厦不利的意见"作为编辑方针。结果那些一开始对小册子完全不屑一顾的反对派居民也逐渐开始阅读，森大厦与居民之间的沟通得到了加强。

森大厦采取的第二项措施是举办一些能让本地居民齐聚一堂的活动。森大厦将旧改区域中已完成收购的公共澡堂修建成向居民开放的广场，并播放《椿三十郎》《寅次郎的故事》等知名电影。据称森大厦也会在观影会上播放一些能够让居民理解旧改的必要性、防灾的重要性的视频。这样做森大厦不仅成功增加了居民跟森大厦之间的接触点，也逐步向居民宣传了需要旧改的理念。

不仅如此，森大厦的员工还积极开展社区服务。例如有特长的员工举办了书法培训班、算盘培训班、合气道培训班等各种培训班，以增加与居民的接触。此外，森大厦的员工还举家搬迁到社区中，入住那些因为同意旧改的居民搬走而被空置的房屋中，以防止当地治安恶化。

森大厦采取全体员工总动员的方式，用各种办法来增进公司与当地居民的沟通。通过这些举措，当地居民一个又一个地开始接受森大厦的提议。当然，森大厦与居民的沟通工作，也并非一切都如此顺利。不仅有时要面对激烈的抗议场面，居民也会分成"赞成派"和"反对派"相互对立。据说当时支持旧改的街道主任和反对派的街道副主任一度发生争执，打了起来，森大厦的员工森稔为了劝架对他们说"要打就打我吧①"。就这样，森大厦经历众多艰辛，逐渐获得了居民的认同。

---

① 在这次打架事件之后，反对派的街道副主任开始支持森大厦的工作。

为了打造东京最前卫地标而采取的朴实战略

1979年，森大厦终于迎来了决定命运的日子。在拟改造区域中拥有600坪①土地的反对派人士终于同意了森大厦的旧改计划。这意味着，在旧改计划公布之后，经过约八年之久，森大厦终于完成了说服当地土地所有者的工作。

随后，森大厦公布了详细的旧城改造计划。该计划的设计理念是在这片位于赤坂与六本木交界处的土地上，打造一个汇聚了写字楼、酒店、住宅、艺术展厅的综合性建筑群，并将其命名为阿克新城。阿克新城于1986年开业，当地的旧改项目随之宣告完成。以高盛集团为首的外资金融机构②进驻阿克新城，使之变成了东京的国际商务区。这个地区从过去存在安全隐患的木结构建筑住宅群，摇身一变成为最前卫的金融城。

阿克新城大获成功，森大厦开始在港区的其他区域开展改造项目。1986年，森大厦启动了六本木六丁目的旧改谈判，在大约17年后，六本木新城于2003年正式开业。而自从谈判启动以来已经过去30年的虎之门、麻布台项目，预计于2023年竣工。森大厦

---

① 日本度量衡的面积单位，1坪约等于3.31平方米。——译者注
② 当时，外资金融机构在东京难以找到合适的办公场所，阿克新城开业正好满足了他们的需求。

播下的城市改造种子，正在遍地开花（见图2-3）。

森大厦主导的城市改造项目，都是依靠憨直地长期坚持与当地居民沟通，最终得以实现的。

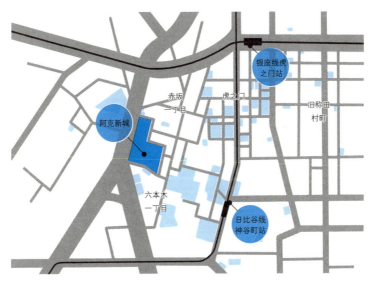

图2-3　1990年的阿克新城周边地图
（蓝色地块是20世纪80年代森大厦集团拥有的大楼及开发区域）

总结　不同的时间跨度和有效战略

本节的危机管理关键词是"憨直的沟通"。为什么在建设东京最前卫地标的时候，最被重视的因素竟是人与人的联系，也就是朴实的沟通呢？

如果我们从时间跨度这一角度去分析，答案便显而易见。

对于生命周期比较短的行业来说，速度是最重要的。因为这是一个多产多死的世界，只能不断尝试，如果失败了就转型（指调整经营方向或改变路线），直到取得成功。事业往往就是在这样的循环往复之中向前发展的。在这样的领域，即使一开始实现了迅猛发展，一旦出现颓势，其衰落的速度也非常快，因此下克上的例子屡见不鲜。但是对于生命周期比较长的行业来说，决定胜负的关键在于企业是否具备长远的眼光。这要求企业有足够的忍耐力，能够脚踏实地、数十年如一日地重复同样的工作，因此而得到的成功往往影响深远、后劲十足。正如本节介绍的森大厦的例子，一开始公司得不到本地居民的信任，这就需要长年累月地建立信任，因此这份朴实便成了制胜的关键。

由此可见，在生命周期不同的各个行业中，商务人士应当采取的行动也不尽相同。当今社会逐渐形成了一种认为"经营就是讲究速度"的思维，但对于像森大厦一样身处长生命周期行业的企业来说，速度没有那么重要，反而有可能成为让事业走向崩溃的诱因。因为如果急于实施城市改造工程，当地居民的反抗情绪会变得更加强烈。面对反对城市改造的声音，森大厦可以说是以"反速度"的方式成功化解了危机。

对于社会上的各种经营思维风潮，我们决不能囫囵吞枣，最重要的是要先看清楚自己所处行业的生命周期。

自省清单

☐ 是否盲目相信"经营就是讲究速度"？

☐ 面对重要的工作，是否有"拼了命去做好它"的思想觉悟？

☐ 能否为了成就大事业，积累每一份小信任？

第三部分

如何战胜由市场崩溃、客户消失、时代更迭引发的危机

迅销集团 | 通用电气 | 诺日士钢机 | 巴而可百货 | 东宝 |

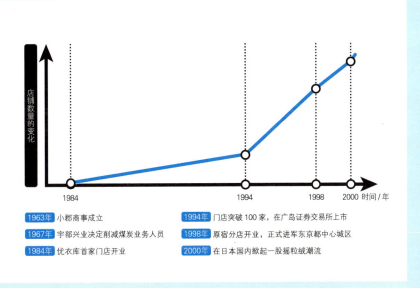

- 1963年 小郡商事成立
- 1967年 宇部兴业决定削减煤炭业务人员
- 1984年 优衣库首家门店开业
- 1994年 门店突破100家，在广岛证券交易所上市
- 1998年 原宿分店开业，正式进军东京都中心城区
- 2000年 在日本国内掀起一股摇粒绒潮流

有危机才有今天

优衣库的母公司迅销集团是日本的代表性企业，其营业收入约23 000亿日元（2019年度数据），2019年8月底，优衣库在日本国内的门店数量为817家，其他国家门店数量则为1 379家。作为一家跨国公司，它驱动着全球服饰行业的发展。

但是在20世纪80年代，迅销集团（当时的公司名为"小郡商事"）还是一家不知名企业。当时小郡商事不过是一家位于山口县宇部市的男士西装店，负责管理店铺的柳井正是一个平平无奇的小商店老板的儿子。小郡商事虽然在宇部市里算是生意不错，但在日本全国只是一家没有几个人知道的无名企业，成为跨国企业更是遥不可及。小郡商事1984年的门店数只有7家。

本节将会分析这位小商店老板的儿子是如何转危为机，向跨国企业的目标进发的。他所面对的危机是商圈消亡，这对于零售业者来说可谓是致命的，等同于直接宣布死刑。

"煤炭之城"由盛转衰

山口县宇部市在一家名叫宇部兴产（Ube Industries）的企业的带动之下发展了起来。宇部市拥有丰富的煤炭资源，明治时代，失业的武士来到这里开采煤炭，这便是宇部兴产的发展起点。这座在日本再平凡不过的村庄，遇到煤炭开采这一方兴未艾的产业，开始走上了工业城市的发展之路。

有一位参与筹建宇部兴产并为公司发展做出贡献的人物，名叫渡边祐策①。在宇部市的发展历程中，渡边祐策是贡献最大的一位人物，被宇部人民像神明一般崇拜着。渡边祐策经常把"宇部（市）的百年大计"挂在嘴边，他不仅创立了主营煤炭产业的宇部兴产，还加强了当地的教育与医疗设施，为人们带来了丰厚的社会福利与保障。此外，考虑到煤炭总有挖尽的一天，渡边祐策未雨绸缪，带领宇部兴产用山口县出产的石灰石开拓水泥事业，还从石灰石开始一路延伸，进入化工行业中。

在渡边祐策立足大局的经营部署之下，宇部兴产顺利扩大了企业规模。直到20世纪50年代，日本都以煤炭作为主要能源，宇部兴产逐步发展成为国内屈指可数的大企业。当时公司备受瞩

---

① 渡边祐策（1864—1934年）：为了救济失业武士，致力于宇部兴产的创立。

目，1951年更有杂志称赞"宇部兴产的实力令人叹服"。1960年，宇部兴产已经发展成日本为数不多的大型企业，其员工人数多达16 529名[①]。

宇部这座城市也随之变得富裕。尤其是宇部兴产总公司的所在地国营铁路宇部新川站一带靠近煤炭开采场地，作为宇部的大门变得繁华起来，还自然而然地形成了一条名叫银天街的商业街，十分热闹。得益于宇部兴产的蓬勃发展，宇部的商业街也非常兴旺[②]。但是突然有一天，宇部兴产的黄金时代迎来了终结。这是因为日本政府在1960年公布了《贸易外汇自由化计划大纲》[③]，决定放开原油进口限制。

原油作为煤炭的替代品，开放进口限制意味着煤炭行业遭受巨大冲击。这个重大的产业结构变化，自然对宇部兴产也带来了影响。前面提到，宇部兴产基于"百年大计"开拓了水泥事业和化工事业，企业本身因此得以存续下去，但是由于化工事业的所在地在大阪和千叶，因此很多员工搬家离开了宇部。至

---

① 当时员工人数超过1万人的地方企业非常罕见。

② 当时，日本的煤炭产业集中在九州和北海道，山口县、茨城县也有大型煤矿。

③ 日本于1955年加入关税及贸易总协定，但在实行贸易自由化问题上迟迟未有动作，招致相关国家的强烈批判。在此背景下，日本政府推出了该大纲。——译者注

于那些从事煤炭业务的员工，因为公司的其他业务领域难以全数容纳他们，宇部兴产只能做出一个痛苦的决定——关闭煤矿并且裁员[①]。

宇部兴产从1963年开始裁员，在不到10年的时间里，就有数千名员工惨遭失业，陷入困境（见表3-1）。宇部失去了核心产业，城市的发展前景阴云密布。

表3-1　煤矿的关闭与宇部兴产的裁员

年份	煤矿及矿业公司名称	所在地	状况
1963	本山矿	山口县山阳小野田市	关闭，裁员582名
	冲之山矿	山口县宇部市	524人自愿离职
1967	宇部矿业所	山口县宇部市	关闭，205名员工与1 945名矿工（另有临时工425名）中，除去700名后剩下的员工由公司安排重新就业

被卷入"商业街衰落的浪潮"

下面，我们来看看宇部市的商业街。

---

① 据闻当时在宇部兴产内部，有人认为应该保留煤炭事业，但是当时的经营层判断行业不可能复苏，于是断然决定关闭煤矿。

前面提到，宇部银天街是在宇部兴产总公司以及宇部新川站一带形成的商业街。在这条商业街的一个角落，有一家叫小郡商事的男士西装店。而被委任管理这家男士西装店的人，就是当时年仅20岁的柳井正。

柳井正从早稻田大学毕业后，进入吉之岛①（JUSCO）任职，但不到一年就辞职了。随后他回到家乡山口县宇部市，帮忙打理家里的生意，成为商业街中的男士西装店"OS男装店"的店长，料理着店里的事务。柳井正在20世纪70年代正式在宇部市的商业街经营服装生意，当时本地企业宇部兴产的裁员已经结束，但是宇部银天街仍然比较热闹。据称，"OS男装店"生意红火，在银天街非常有名。1971年，楼高六层的地方百货商店"大和"在宇部银天街的中心区域开业，乍看之下宇部这座城市充满了生机②。然而，进入20世纪80年代后，宇部的商店街渐渐失去了生气。

给宇部银天街的衰落带来了致命一击的是郊区沿街商铺兴起这一结构性的变化。当时在很多城市里，人们开始不再光顾家附近的商业街，而是自驾前往郊外的大型商铺购物。传统商业街难

以开车进出，因此人们逐渐不再去那里购物。在这条失去了活力的宇部银天街里，因生意红火而知名的"OS男装店"和本地百货商店"大和"，都面临着消费结构变化与商圈缩小的危机，不得不向时代的趋势低头①。

1984年，小郡商事仅有7家店铺。一个名为"不变则亡"的命题，就摆在当时35岁左右、负责打理生意的柳井正面前。

将目光从本地扩展到全球

为了度过这一危机，小郡商事关注到全球化潮流，以及自有品牌专业零售商经营模式②（SPA）。在20世纪80年代，欧美服装企业通过中国代工生产的方式，做到了以低廉的价格生产出高品质产品。借鉴这些欧美企业的做法，柳井正决定从头开始对事业进行重构③。

当时的小郡商事不过是一家中小企业，却破天荒地打算学习盖璞（GAP）等欧美服装企业的经营手法。如果放眼全世界，

---

① "大和"在1998年宣布停业，但是在当地政府的反对意见之下，缩小店铺规模继续经营，最后在2007年彻底关闭。

② 指经营自主品牌的服装企业，参与商品从生产到零售的所有环节。

③ 柳井正借鉴的对象是GAP等当时成长迅猛的企业。1987年，GAP首次对外表示自己的商业模式叫作"SPA"。

宇部商业街只是一个非常小的商圈。想要从这个商圈出发去寻找"世界经济的最优解"，甚至认为日本国内的服装企业能够在世界范围内推行自有品牌专业零售商经营模式，人们认为这样的想法很荒唐。

当然，20世纪80年代的日本服装行业中其实也存在实行全球化的观点。但是当时的全球化主要是指在其他国家销售日本国内设计、制造出来的产品，以及将其他国家的一流品牌进口到日本国内的做法。

当时日本一家有实力的服装企业瑞纳①（RENOWN）就是典型例子。该公司于1990年以约200亿日元的价格收购了英国高级服装品牌雅格狮丹（Aquascutum），尝试在日本销售其他国家的品牌。可见当时日本的服装企业只关注服装品牌的进出口销售。但与之不同的是，小郡商事的柳井正是在"全球化的世界"这个大前提下对现状进行思考的。他思考的问题是"在哪里进行生产，才能以更低的价格，向顾客提供品质更好的产品"。也就是说，他想实施的并不是基于品牌价值这种个人感觉的感性经营，而是以生产成本和采购成本等为基础的指标式经营，他希望用这种方

---

① 虽然该公司在2020年申请适用民事再生法（即破产保护——译者注），但是过去曾是日本的代表性服装企业。1981年度该公司的营业收入为2 023亿日元。

式让小郡商事重获生机。在这个过程中，柳井正意识到经营指标优化的关键在于中国制造。

小郡商事想要推行的自有品牌专业零售商经营模式，刚开始得不到日本国内市场的理解。1991年，柳井正将小郡商事的公司名改为迅销，希望人们能更容易将公司与自有品牌专业零售商经营模式联想在一起。但是当时的报纸记者却写道："迅销这个公司名，让人难以理解公司的主营业务和行业类型。"柳井正所构思的基于全球化生产及采购体系的业务模式，对当时的服装行业来说极具革命性，不符合传统行业的思维模式[①]。

以销售信息管理系统为核心构筑供应链

小郡商事正式开始布局自有品牌专业零售商经营模式时，做的第一件事是在当地山口县的郊区沿街商铺开设一家名叫优衣库的服饰店。优衣库主营休闲时装，顾客络绎不绝。宇部商业街中的小郡商事主营男士西装，柳井正为了调整公司的主营业务，决定将日常服装作为主战场。随后小郡商事以"中国制造、中国采购"为主轴，开始构筑自有品牌专业零售商经营模

---

① 大部分日本服装企业都没有意识到自有品牌专业零售商经营模式的重要性，铃屋和瑞纳这些后来业绩陷入恶化的服装企业就是典型案例。

式。但是1984年的小郡商事体量太小，无法一口气将完整的供应链搭建起来。

于是，为了掌握什么时候、哪款产品卖得最好，小郡商事开始积累并分析经营数据。公司将掌握经营数据定位为最优先事项，在所有门店中引进了销售信息管理系统。引进了这个系统，公司便能够通过数据分析得知哪些产品销路最好[①]。

接下来小郡商事开始布局在中国的休闲服装供应体系。公司在中国香港新设了一个业务点，打算与中国的服装生产厂签约合作[②]。在中国能生产出高质量服装的一流工厂都已经跟欧美服装企业建立了合作关系，因此对于当时不过是一家中小企业的小郡商事来说，要与心仪工厂签约合作并不容易。于是柳井正通过"大量订制特定产品（每款产品订购几万件到几十万件）"的条件，终于成功与中国的一流工厂签订了合作协议。这是因为对于工厂来说，如果能稳定拿到种类有限且数量庞大的生产订单，是非常有利的。

[①] 销售信息管理系统于20世纪80年代在日本普及开来。在这个时期率先引进该系统并实现了快速发展的代表性企业有小郡商事（迅销）、CCC（文化、便利、俱乐部集团）、7-11便利店。

[②] 在很长一段时间里，迅销集团将合作工厂信息视作公司的重要商业机密。由此可见挑选合适的合作工厂，对公司来说有着重大意义。

但对于小郡商事来说，大量订购某一款产品，就意味着要背负更大的风险。如果这款产品销路不好，那么优衣库的门店就要承受库存压力。这时候，前期已经引进到优衣库全线门店的销售信息管理系统就发挥了作用。通过这个系统，公司不仅能掌握哪些是畅销产品，还能通过减价促销来防止库存堆积①。

20世纪90年代，优衣库的宣传单上经常出现"减价"这个字眼。究其原因，就是因为小郡商事为了在全球布局自有品牌专业零售商经营模式，不得不坚持大量订制特定产品的做法，无论如何都要在日本国内将产品全部售出。

优衣库一边承受着库存积压的风险，一边建立起一套全球化生产体系，不断在日本国内增设新门店（见图3-1）。从1991年开始，优衣库正式在西日本地区扩张门店规模，到了1994年，日本直营门店数突破100家。优衣库通过快速扩张门店，成功缓解了大量定制特定产品模式所带来的风险。业务规模得到顺利扩大的迅销集团（在1991年变更公司名），于1994年成功在广岛证券交易所上市。

---

① 1995年，每周一优衣库都会召开售价调整会议，在会上制定库存清理策略。

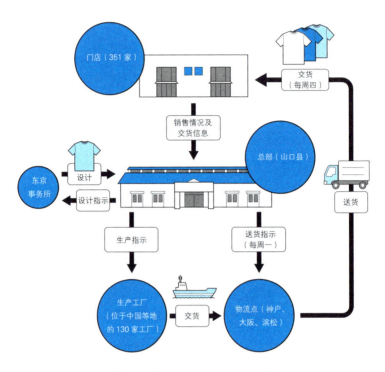

图3-1　优衣库的全球化生产体系

随后1998年，作为进入东京市场的第一步，优衣库在原宿开设门店，顾客对于这个日本全国性品牌的认知度逐步提升。1999年前后，优衣库的摇粒绒系列产品风靡一时。优衣库之所以能够以较低价格提供高品质的摇粒绒产品，也是因为大量定制特定产品的做法最大限度地发挥了自有品牌专业零售商经营模式的潜力[①]。

----

① 在优衣库掀起的摇粒绒风潮之下，部分企业陷入了危机，良品计划就是其中之一。

摇粒绒产品的成功，让自有品牌专业零售商经营模式的思维在日本服装行业得到了普及。

小郡商事的案例，可谓是在面对商圈消亡危机时，通过把握世界潮流，将目光从本地市场扩大到全球市场，成功度过危机的经典案例。

总结 | 不能固守现状不放手

从优衣库母公司迅销集团的前身——小郡商事的危机管理案例中我们可以学到比维持现状更难做到的事。

即使店铺成功树立口碑，顾客主动上门购物，业务开展得十分顺利，一旦成功，背后的前提条件便不复存在，这盘生意也自然做不下去，这样的事例并不罕见。例如，在当地企业的带动之下发展起来的城市，它所依赖的大企业可能会出现由于竞争力减弱而不得不进行裁员的局面；随着汽车的普及，客流发生结构性变化，从车站周边的传统商圈转移至郊区商场；传染病蔓延导致人们的消费行为彻底改变；等等。

在小郡商事的案例中，宇部商圈就是公司取得成功的前提条件，但是这个商圈走向了消亡。一个商圈的消亡，往往是多方面因素共同作用导致的结果。因此这个问题，并不是仅靠商业街或者百货商店这些零售业者就能解决的。这种情况下，对于小郡商

事来说，人们离开宇部城区，可谓是一个等同于宣判死刑一般的危机。

柳井正成功将小郡商事这家中小型店铺培育成迅销集团这个世界级的企业，用"不变则亡"这句话说明了积极应变的重要性。"如果不做出改变，就只有死路一条"，拘泥于维持现状的人，不可能得到未来的繁荣发展。

自省清单

☐ 是否想当然地认为现状能一直维持下去？

☐ 面对不可逆的变化，是否认定"只要忍耐一段时间，就能恢复过来"？

☐ 是否将视野扩大到全球范围？

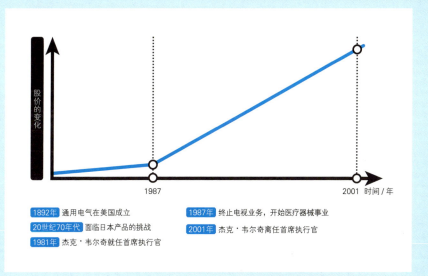

1892年　通用电气在美国成立

20世纪70年代　面临日本产品的挑战

1981年　杰克·韦尔奇就任首席执行官

1987年　终止电视业务，开始医疗器械事业

2001年　杰克·韦尔奇离任首席执行官

追求创新，度过危机

在21世纪的前十年，有部分企业业绩优异，在世界范围内备受瞩目，它们就是人称"GAFA"的谷歌（Google）、苹果（Apple）公司、脸书（Facebook，现更名为"Meta"）和亚马逊（Amazon）。这些企业得益于互联网的普及这一重大利好因素，成功打造出世界级的业务规模，成为人们日常生活中不可或缺的存在。作为21世纪初期崛起的世界级企业，GAFA的名字想必会被载入史册。

那么，在整个20世纪中得到了世人关注的又是哪些企业？答案是与电力有关的企业。电力的出现改变了20世纪人们的生活方式，许多电机生产商的业务遍及全球。而其中首屈一指的企业，要数位于美国的通用电气（GE）。

本节将关注在20世纪后期身陷"创造力枯竭"危机的通用电气。这段故事的主人公是20世纪的著名企业家杰克·韦尔奇（Jack Welch）。

改变人们生活的电力

要说20世纪有哪些创新大大改变了人们的生活，要数汽车和电力这两样事物。尤其是电力，早已渗透人们日常生活的方方面面，谁都离不开它。

在日本，如果回顾过去，可以看到电灯的普及为人们的生活带来了巨大变化。在还没有电灯的时代，日本的夜晚总是漆黑一片，人们的生产活动自然也受到了诸多限制。但是到了20世纪初期，随着电灯的普及，家家户户都装上了灯，人们的生产活动也能够在夜晚进行了[①]。

工厂里明亮的生产环境使得人们能够在夜晚工作，生产效率显著提升。同时，每个家庭也具备了夜间劳作的条件，人们通过编织衣物等手工作业实现了收入的提高。仅仅因为电灯这一事物的普及，人们的生活就发生了如此大的变化。紧接着，随着日本社会进入经济高速增长期，家电制品的普及进一步大幅改变了人们的生活。20世纪50年代至60年代，并称为"三大神器"的洗衣机、冰箱、电视机走进了千家万户。随着这些家电的普及，即使

[①] 20世纪30年代，作家谷崎润一郎发表了一篇名为《阴翳礼赞》的随笔，主题是在没有电力的时代中发现美。由此可见，在20世纪初期，电力已经成为人们生活中不可或缺的事物。

是普通家庭也能将家务交给机器去完成，尤其是对于女性和儿童来说，他们从事家务的时间缩短了，得到了解放。于是人们把多出来的空闲时间用来看电视，足不出户就能真切地感受到自己与外部社会的联系①。

电力为全球企业带来了发展的机会。在日本，夏普、三洋电机、松下电器、索尼等企业因此快速成长，而在欧洲有飞利浦和西门子，在美国则有美国无线电公司（RCA）和通用电气等企业，它们也都实现了迅猛发展。得益于电器的普及，这些企业发展壮大成为各自国家的代表性企业，其中部分企业还享誉全球，被称赞为"卓越企业"。

当时人们以为电器生产商的繁荣景象会一直持续下去，但现实却没有这么简单。后来，几乎所有电器生产商都遭遇到了一个相同的危机。

创新产业出现了创造力枯竭现象

20世纪70年代以后，世界各地的电器生产商面临着创造力枯竭这一结构性问题。

———————————

① 在电视机普及这一大社会变化的影响之下，电视台和电视机厂家迎来了旺盛的市场需求。但是电影行业却出现了衰退的迹象。关于这一时期电影行业面临的危机，请参考本书"东宝"案例部分。

20世纪60年代，多种多样的家电产品相继发售，比如黑白电视机、洗衣机、冰箱、彩色电视机、空调、便携式收音机等。许多创新产品在短时间内陆续登场，导致市场需求爆发式增长，但因为供给跟不上去，这些电器生产商一直享受着"产品一经生产马上就能卖出去"的优越市场环境。

然而，进入20世纪70年代，创新电器产品的诞生速度大不如前。像录像机那样创新程度高并大获成功的家电产品仅占少数，其他新发售的电视机、冰箱、洗衣机产品都不过是与以往的产品相比，性能有一点提升而已。因此，整个家电行业都变得十分依赖于消费者的换购需求。简而言之，到了20世纪70年代，电器行业的技术革新步伐逐渐放缓，其市场需求也随之稳定下来了①。

但是对处于供给侧的电器生产商来说，当然是希望维持以往的发展势头。在过去的高速发展阶段，这些企业都扩大了研发及生产规模，为了维持企业运营，必须让业绩持续增长。为此，一旦发现有市场潜力的新产品领域，全球几十家企业都争先恐后开展研发工作，市场竞争十分激烈。

其中一个典型案例，就是20世纪70年代至80年代期间发生的

---

① 因为日本国内市场的需求已得到充分满足，日本家电企业开始将产品出口到欧美国家，以谋求生存。20世纪70年代，日本向美国出口电视机的业务十分活跃，甚至一度引发了贸易战。

"录像机之战"。索尼推出的一种名叫"比特迈斯"（Betamax）的录像带格式，与日本胜利公司（JVC）推出的家用视频系统（VHS）格式掀起了一场激烈的行业竞争，并且最终以家用视频系统格式成为世界录像带标准格式的结果宣告结束。尽管日本胜利公司赢得了这场录像机之战，但是好业绩只维持了数年，便再次被卷进新一场激烈的竞争之中①。

电力在20世纪大大改变了人们的生活，但是随着20世纪走向尾声，各大厂家不得不面对创造力枯竭、竞争白热化等问题，通用电气也不例外。

通用电气是发明家爱迪生在19世纪后期为了将电机商用化而设立的公司。在20世纪前期，通用电气向美国社会提供了各种电器产品，发挥了重要的作用。尽管如此，进入20世纪70年代，形势却发生了变化。导致形势发生变化的一大因素，是日本家电生产商的崛起。在20世纪70年代，松下电器、索尼等家电生产商向

①　这场录像机之战，在1988年以索尼宣布发售家用视频系统格式的产品而告终，日本胜利公司最终获胜。但受后来的录像机生产竞争影响，1993年日本胜利公司的经常性损益为亏损216亿日元。日本胜利公司2008年与日本建伍公司（Kenwood）进行经营整合，从此不复存在。

美国出口大量电视机，给通用电气、美国无线电公司①等美国本土企业带来了巨大打击。而且在当时日元贬值的背景之下，面对日本企业的攻势，美国企业毫无还手之力。

不仅如此，在技术开发方面，美国企业也不得不面对来自日本企业的挑战。在不断涌现新型产品的时期，只要能在技术开发方面领先一步，就能在一定程度上与后进企业拉开距离。这是因为在后进企业赶上来并形成竞争之势之前，先发制人的一方已经将一定的收益收归囊中。自20世纪70年代以来，多家日本企业的研发能力有了很大提高。因此，在将来有发展潜力的技术领域中，美国企业不得不面对激烈的竞争。

就这样，随着行业竞争越演越烈，通用电气的业绩也日渐低迷。

被委以老牌名企通用电气经营重任的杰克·韦尔奇

正当通用电气深陷困境的时候，于1981年就任公司董事长兼首席执行官的，就是杰克·韦尔奇②。杰克·韦尔奇肩负着对这家

---

① 美国无线电公司是世界上最先开发出彩色电视机的老牌知名企业。该公司向夏普、松下电器产业等日本企业提供过技术授权。但是在与日本企业的竞争中陷入困局，于20世纪80年代后期被通用电气收购。

② 杰克·韦尔奇：1935年出生，1960年进入通用电气塑胶事业部，1981年就任通用电气董事长兼首席执行官。2020年3月逝世，享年84岁。

面临全球市场竞争的老牌企业进行重整的任务，而事实上在那之后，通用电气实现了"复活"。那么，杰克·韦尔奇是如何对通用电气进行重整的呢？答案就在于选择与集中。

20世纪80年代，通用电气的事业内容是与电力有关的所有事情。其实通用电气这个公司名，已经充分体现出它是一家什么都做的企业。公司的业务领域非常广泛，从电灯泡、冰箱、洗衣机、电视机，到发电机、飞机发动机等都有所涉足。但反过来看，这也意味着公司有很多不赚钱的业务。1976年，通用电气甚至收购了一家从事资源开采的企业，业务领域扩展到了与电力无关的领域。

面对当时的通用电气，杰克·韦尔奇提出的经营方针是选择与集中，精简现有业务，并建立新业务。在此基础上，通用电气于20世纪80年代初期，开始了大规模的人员削减。为此，当时部分员工对杰克·韦尔奇的批判声音不绝于耳。公司决定出售的事业板块，除了建筑物以外什么都没有留下，因此当时杰克·韦尔奇被员工冠以"中子弹杰克"（Neutron Jack）的称号。

通往世界顶尖事业的选择与集中

杰克·韦尔奇深信"如果无法在各个事业领域中做到顶尖水平，公司就无法存活下去"。遵循这一思路，首先，他开始削减公司的固定费用。其次，杰克·韦尔奇决定对公司从事的事业领域进行大规模调整。他以是否达到世界顶尖水平为标准，并在20世纪80年代初期提出"三圆圈"经营理念来调整公司的事业内容。

事业领域调整的一个标志性事件，是出售电视机事业部。早在20世纪80年代初期，杰克·韦尔奇提出了计划撤出的事业领域，当中就包括了电视机事业（见图3-2）。1987年，通用电气将电视机及其他家电事业部转让给法国汤姆逊公司（THOMSON），并从汤姆逊公司收购了医疗器械事业部。通用电气就是这样落实选择与集中的[①]。

其他事业支援
石油挖掘与炼制、半导体、贸易业务

服务
金融服务、信息服务、建设工程、核电站相关服务

技术
产业用电子设备、医疗器械、材料、宇宙航天、飞机发动机

其他
矿山、小型家电、中央供暖设备、影音设备、电线电缆、移动通信设备、受配电机器、无线电台

风险投资
计算机辅助设计与制造（CAD/CAM）

核心
照明产品、大型家电、电机、运输用机器、涡轮机、建设机械

图3-2　20世纪80年代初期杰克·韦尔奇提出的经营理念

① 前面提到的资源开采企业也有一定利润，但因为不是世界顶尖水平，在1984年被通用电气出售，这是通用电气调整经营方针的一个代表性决定。

从1981年到2001年，杰克·韦尔奇出任通用电气首席执行官的20年里，通用电气的股价上涨了30倍。另外，1999年，就在杰克·韦尔奇退任前，美国著名财经杂志《财富》称赞杰克·韦尔奇是"20世纪最杰出的企业管理者"。就这样，老牌企业通用电气复活蜕变成了一家世界级企业。

在当今社会，杰克·韦尔奇所提出的经营方针可能并不稀奇。但在20世纪80年代，老牌企业提出像选择与集中这样颠覆性的经营方针，还是非常超前的。杰克·韦尔奇卓越的管理手腕让选择与集中成为全球瞩目的管理手法之一。

自那以后，虽然人们对通用电气的管理手法褒贬不一[①]，但仍然对此十分关注，20世纪90年代后半期到21世纪初，选择与集中这一关键词甚至在日本的企业经营者中十分流行。杰克·韦尔奇的管理风格，对全球企业经营者的管理思维带来了很大的影响。但是，本节开头也提到，进入21世纪后，创新的主体从电力转变为互联网，20世纪的前十年，通用电气的业绩与股价均变得低迷。虽然通用电气也逃不出时代更迭的浪潮，但杰克·韦尔奇这位企业管理者通过业务重整将其培育成了一家世界级企业，也是不争的事实。加上身处同一行业的美国无线电公司、西屋电气公

---

① 20世纪90年代，对于通用电气的管理手法，日本国内也有不同看法，例如当时东芝的经营者对选择与集中的管理风格表示反对。

司（Westinghouse Electric）早就被吞并，通用电气可以说是电机行业最后的堡垒。

杰克·韦尔奇于2020年3月逝世，享年84岁。这位"20世纪最杰出的管理者"，他的名字想必会被载入史册。

总结　创新讲究追逐当红热点

我们可以从通用电气这家企业和杰克·韦尔奇身上学到几样东西。

其中一点是创新讲究热点。对于生产企业以及立志创业的人来说，创新是一个有魔力的词语。你有过诸如"如果开发出创新产品，业绩就能得到改善""推动创新，实现公司的变革"之类的想法吗？创新的魔力就在于，好像只要跟创新扯上关系，无论是多么离谱的想法，听起来都有几分道理。然而，创新是讲究追逐当红热点的。创新不为人的意志所转移，在不同时代，它发生在不同的领域，比如18世纪的创新是蒸汽机，19世纪是电力，21世纪则是互联网。虽然并非只有在这一个领域里才可能成功创新，但在当红领域以外的领域中，创新的成功概率要低得多。

另外，在当红创新领域中，虽然会出现这个时代的代表性企业，但是随着创新热点的改变，每个时代里被命运眷顾的企业也会不断变迁。

那么当我们面对不断变化的创新热点时应该怎么做？杰克·韦尔奇的管理手段——选择与集中能给我们一些启发。一旦热点过去，某个领域就会开始低迷，如果我们仍然拘泥于这个领域，企业的业绩也只会一直走下坡路。因此当某个领域的热度逐渐褪去，我们也许有必要像杰克·韦尔奇一样做出冷静且准确的判断，从某个事业领域中撤退，削减人手。

商务人士应在意识到最佳创新时期的基础上，设法在竞争社会中求得生存。单靠一家企业或某一个人，是无法控制创新的成功概率的。"面对创新，我们应该常怀敬畏之心"，这是通用电气的V字形复苏经历以及它在21世纪所遭遇的困境教会我们的。

自省清单

☐ 能否正确认识创新热点？

☐ 在创造力逐渐衰竭时，能否谦逊地面对现实？

☐ 是否为可能要做出冷静且准确判断的时刻，做好了
　心理准备？

案例 13　诺日士钢机

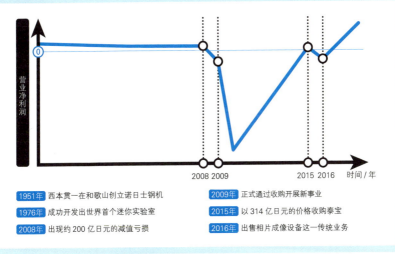

- **1951年** 西本贯一在和歌山创立诺日士钢机
- **1976年** 成功开发出世界首个迷你实验室
- **2008年** 出现约 200 亿日元的减值亏损
- **2009年** 正式通过收购开展新事业
- **2015年** 以 314 亿日元的价格收购泰宝
- **2016年** 出售相片成像设备这一传统业务

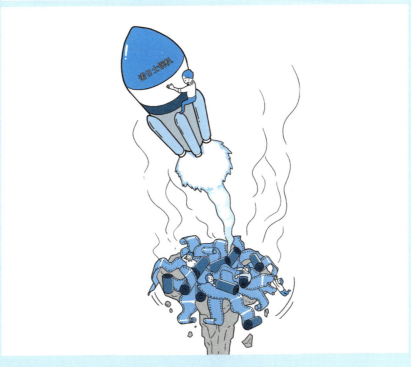

彻底转变事业方针

数码相机的普及是20世纪的代表性技术革新之一。20世纪90年代以前，拍照是一件很麻烦的事情。要在相机中安装好胶卷，而且每拍24张或者36张①就要去照相馆把胶卷冲洗成照片。这些烦琐的操作随着数码相机的普及而消失，一个不用去照相馆就能享受拍照乐趣的时代到来了。

这样的技术革新广受消费者欢迎，但是对于生产胶卷的厂家、冲洗照片的照相馆，以及制造相片冲印设备的主要厂家而言，这是个巨大的打击。数码相机的普及，对大企业、中型企业、个人商铺都带来了影响。

本节将聚焦于诺日士钢机（Noritsu Koki）。这是一家开发、生产相片冲印设备的中型企业，在数码相机的普及这场技术革新中受到了重大影响。

21世纪初期，诺日士钢机这家总部设在和歌山的上市企业，

———————————

① 不同的胶卷能拍照片的张数也不同。

几乎所有的营业收入都来自面向照相馆的相片冲印设备事业。本节将介绍在公司支柱业务的市场规模骤然萎缩这一危机之中，诺日士是如何克服危机的。

高收益的胶卷业务和行业霸主

为了理解数码相机的普及对当时的相片行业带来了多大的冲击，我们先来了解一下数码相机出现之前的相片行业是怎样的。数码相机出现之前的相片行业，可以说是一个非常赚钱的行业。行业中已经形成了一个由大企业、中型企业、个人商铺等各经营者都能分一杯羹的产业结构。

胶卷相片的繁荣时代一直持续到20世纪90年代，当时拍照是一件耗费心思和时间，还非常花钱的事情，跟现在完全不同。一个用户从拍一张照片到最终拿到实物，首先要买一台照相机，有时还需要另外买一套镜头[①]。接下来，为了拍照还需要购买相机胶卷。一卷标准胶卷只能拍24张或者36张，而一卷36张的胶卷售价约为1 000日元。这意味着仅仅拍摄一张照片，就要付出28日元的成本。因此人们在拍照的时候，每次按快门都变得十分谨慎。除此以外，还要将拍摄完的胶卷拿去成像和扩印。所谓成像，就是

[①]　在数码相机普及之前，照相机的缩放和对焦功能不如现在先进。因此，很多人为了拍出好照片，除了照相机以外，还会购买其他道具。

用药水处理胶卷，把胶片上的潜像转化为稳定可见的影像的一道工序[1]。而扩印就是指将成像完成的胶片扩印在相纸上的工序。当时冲洗一卷胶卷的价格平均为600日元，扩印一张相片的价格平均为40日元。

也就是说，如果要拍摄一卷36张的胶卷，并且将它冲印成照片，除了购买照相机和其他相关器材之外，还需要支出胶卷成本1 000日元、冲洗费600日元、扩印费1 440日元，合计3 040日元。平均每张照片需要付出84日元的代价，这就是胶卷时代里拍照的概念。

为了拍照，用户要承受巨大的经济负担，反过来也意味着对于胶卷厂家、胶卷冲洗设备厂家以及冲洗胶卷的照相馆来说，这是一门只要有人拍照，就能不断获得收益的生意。尤其是生产相机胶卷的头部企业富士胶片，在20世纪90年代胶卷相片的全盛时期，是一家收益率很高的优良企业。

本节的主角——开发、制造相片冲洗设备的诺日士钢机，也是这个很赚钱的行业中的一个角色。

诺日士钢机在20世纪70年代开发出划时代的相片冲洗机，扩大了业务规模。过去人们为了冲洗相片，要将胶卷拿到富士胶片

---

[1] 这道工序通常也被称为冲洗。——译者注

等胶片厂家运营的冲印站，但现在人们在城里的照相馆中就能完成相片冲印，所需时间大幅缩短。诺日士钢机制造的相片冲洗机"迷你实验室"（Minilab），将过去需时数日的冲洗与扩印工序缩短到只需要两小时。这台迷你实验室在相片冲洗行业中掀起了一场革命，20世纪80年代进入了北美市场。不仅如此，公司还收到了来自世界各地的询价单[1]。

就这样，诺日士钢机成功地走向了全球市场。1984年3月的年度决算报告显示，它的日本国内营业收入为47亿日元，其他国家营业收入则为188亿日元。此外，同年公司的销售净利率高得惊人，达到22.6％，就此诺日士钢机奠定了高收益企业的地位。

诺日士钢机在胶片摄影行业中的地位难以撼动，2001年迷你实验室的世界市场占有率为46％（排名第一），日本市场占有率为59％（排名第一）。甚至在2004年，即使数码相机已开始逐渐普及，诺日士钢机仍然保持着稳定的经营状况，营业利润率高达15.5％。

在胶片摄影的全盛时期，诺日士钢机就是这样一家在行业中首屈一指的高收益企业。

---

[1] 诺日士钢机在世界观光胜地尼亚加拉瀑布摆出一块写着"一小时拍照"（One hour photo）的招牌作为广告，之后各种问询蜂拥而至。这就是诺日士钢机进入美国市场的契机。

永不停息的技术革新与市场环境的剧变

时至今日，数码相机已经随处可见，但在20世纪90年代后期，日本的胶片摄影相关行业仍然坚信胶片摄影市场能一直维持下去。实际上，富士胶片的时任董事长宗雪雅幸就曾在1997年说过："人们在议论数码相机的普及会不会颠覆目前的市场，但我不明白为什么大家会讨论这个问题。从画质层面来看，数码相机拍不出传统胶片摄影的那种层次感。即使数码相机的技术有所进步，也肯定无法赶超胶片摄影，因为胶片摄影也会在感光度、像素的精细度方面有所提升。"可见当时人们认为数码相机对胶卷市场带来的影响微不足道。

整个胶片摄影行业普遍认同这样的观点，导致相关行业人士一直没有意识到数码相机这一技术的重大意义。直到数码相机已经普及，对自身企业业绩带来的影响愈加显著，他们才回过神来。富士胶片通过将其合资子公司富士施乐（Fuji Xerox）转为全资子公司，试图将支柱事业从相机胶卷切换到复印机上，以谋求生存[1]。美国胶卷生产商柯达则于2012年宣布破产重组。

---

[1] 21世纪初期，因成功将用于生产液晶显示器的三醋酸纤维（TAC）薄膜业务发展成为高收益业务，富士胶片才得以弥补相机胶卷业务的颓势。

正因为轻视20世纪90年代出现的数字化趋势，让胶片摄影行业遭受到了巨大打击。诺日士钢机也一样，它在数码相机刚开始普及的时候对胶片相机的态度非常乐观。21世纪初诺日士钢机仍继续投资开发胶卷成像设备，可见当时公司的管理层没有重视数码相机这一潮流。直到2008年，诺日士钢机的管理层才认清事实，意识到胶片相机向数码相机切换的潮流是不可逆转的。这一年，日本经济因2008年次贷危机时雷曼兄弟公司破产事件遭遇重挫。

但是，当诺日士钢机在2008年将目光投向数码相机市场的时候，行业格局已初步成型。过去一直由诺日士钢机占据的胶卷成像设备市场，在进入21世纪之后，已经被美国奥多比公司（Adobe Systems Incorporated）的位图图像处理软件Photoshop所取代。对于诺日士钢机来说，赖以生存的市场已经不复存在[①]。就这样，占据行业主导地位的企业从设备制造商转变为软件公司。

事已至此，不得不直面数码相机的普及这一严峻现状的诺日士钢机，究竟采取了怎样的危机管理策略？

[①] 在摄影行业，过去人们用迷你实验室一词来指代成像的意思，但是在数字时代，人们改为使用PS这个词语了。

应该坚守的东西是成像设备吗？

挺身而出救诺日士钢机于水火之中的，是西本博嗣[1]。西本博嗣是诺日士钢机创始人的女婿，同时也是手握公司股份的一位大股东。为了带领公司摆脱危机，对于那些在股东大会上表示要坚守相片成像设备业务的经营层，西本博嗣选择不再续聘。在更替经营层人员的同时，他自己也参与到诺日士钢机的经营工作中。

西本博嗣先是放弃了相片成像设备这项诺日士钢机的传统支柱业务，并痛下决心在2010年3月财年计提了相关减值损失。当时报表上的亏损规模高达208亿日元，与诺日士钢机整个公司的营业收入279亿日元不相上下。西本博嗣认为，在胶片摄影市场缩小的背景下，相关生产设备也没有价值了。这次巨额亏损也象征着诺日士钢机与多年来支撑公司一路发展的迷你实验室业务的一次诀别[2]。

据说当时诺日士钢机内部对于相片成像设备业务的缩小，有强烈的反对意见。过去曾为公司带来高收益的相片成像设备业务走到了尽头，很多员工无法接受这一事实。即便如此，西本博嗣

---

[1] 西本博嗣2010年就任诺日士钢机董事长。

[2] 2016年，诺日士钢机以一家名叫诺日士精密（Noritsu Precision）的子公司的形式出售了迷你实验室业务。这时候诺日士精密的营业收入只有100亿日元，缩小到了全盛时期的几分之一规模。

凭借着大股东这张王牌[①]，坚持在诺日士钢机内推行企业重整。

转变公司支柱事业

尽管公司内部反对声音不断，西本博嗣仍然带头推进公司的改革。为了开拓继迷你实验室之后的新支柱事业，西本博嗣在公司内部组建了并购团队。2011年，公司招聘了曾在美林证券的日本投资银行部门任职、年仅31岁的年轻人才，以加强企业并购调查能力。同时，诺日士钢机在2010年收购了提供远程影像诊断支持服务的读客医学影像科技（Doctor Net），2012年收购了面向高龄女性提供产品与服务、发行《哈尔美刻》（*Halmek*）杂志的鲜活生活公司（Ikiiki），借此调整了公司的业务结构。

诺日士钢机通过收购企业调整业务结构，其中最具决定性的一次，是2015年对泰宝公司（TEIBOW，旧称"帝国制帽"）的收购。泰宝公司的主营业务是生产笔尖用的材料，具有先进的毛毡加工技术，投资基金评估的收购金额高达314亿日元。2014年9月，泰宝的营业收入为84亿日元，其营业利润为18亿日元，利润水平非常高。有人认为诺日士钢机之所以收购泰宝，是看中了泰宝的经营优势与良好的财务状况。

[①] 2010年，西本家族持有诺日士钢机接近一半的股份，拥有绝对话语权。

诺日士钢机在2010年进行的约200亿日元的减值损失计提，以及在2015年决定进行的约300亿日元规模的收购，其资本都来自公司多年积累下来的大量现金①。诺日士钢机在21世纪的最初几年是一家高收益企业，在2008年实现了无贷款经营，其保有的现金等价物与有价证券大约价值450亿日元。当时的诺日士钢机是一家现金充沛的企业，这些现金正是帮助公司度过危机的资本。

相片成像设备在诺日士钢机营业收入中的占比从2008年的100％，下降到2020年的0％，公司的业务领域发生了180度转变。诺日士钢机的业务重心向泰宝等收购回来的企业转变，其营业收入在2008年次贷危机时雷曼兄弟公司破产事件之后只有300亿日元，到了2019年3月财年，回复到639亿日元。通过如此彻底的转变，诺日士钢机实现了重生，摆脱了危机。

面对摄影行业的数字化技术革新，诺日士钢机选择对事业领域进行彻底的转变，成功实现了企业的存续。

总结 | 能否直面严峻的现实并做出应对？

数码相机的普及导致相片胶卷市场彻底消亡，随着时代的变迁，顾客需要的服务也发生了变化，这样的案例层出不穷。

---

① 富士胶片也凭借着充沛的现金，弥补了胶卷事业的颓势。

　　顾客喜闻乐见的技术革新，对于作为供应方的企业来说也是一个重大事件。面对萎缩的市场，要做出妥善应对是极其困难的。事实上在诺日士钢机的案例中，尽管目睹着胶片摄影市场的萎缩，公司仍继续研发生产相片成像设备，当意识到问题的时候，数码相机行业已经在新技术的带动下逐步成型了。在这样的环境之中，尽管公司在2010年就决定缩小相片胶卷业务，但直到2016年才完全撤出这一领域。由此可见，在面对市场的剧烈变化时，要想做出敏捷的反应，始终是非常困难的。尽管如此，如果因为困难就选择逃避现实，就无法在真正意义上摆脱危机。要克服面前的危机，有时候我们不得不做出艰难的决定。

自省清单

☐ 是否满足于优良企业的招牌？

☐ 面对让人不忍直视的现实时，是否选择了逃避？

☐ 必要时能否做出冷静且准确的判断？

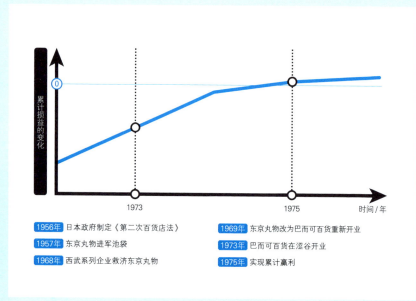

从根本上思考"向谁销售什么"

20世纪70年代，巴而可百货（PARCO）是汇聚了最新时尚潮流的商业设施。尤其是1973年开业的涩谷巴而可百货，是时尚人士的圣地，涩谷也因此变成了年轻人爱去的地方，对所在片区的品牌价值带来了重大影响。

但是，巴而可百货的发展历程并非一帆风顺。它的前身——东京丸物是一家中型规模的百货商店，在20世纪60年代，受《第二次百货店法》影响，被禁止扩大卖场面积，因此陷入经营危机并被转让给西武百货店。为了对其进行重建，公司经过多番考虑，最终敲定的经营理念，就是面向年轻人的商业设施——巴而可百货。可以说，巴而可百货是危机管理的产物。

本节将探究巴而可百货是如何在一家曾一度陷入经营危机的百货商店中被孕育出来的。

百货行业迎来了寡头时代

在2020年的今天，百货商店不过是众多零售业形态中的一

种。但是在20世纪50年代，百货商店作为日本的零售商店，拥有强大的实力。日本百货商店的历史，从1904年，曾经的老牌吴服店三越宣布成为百货商店那天开始。在日本人民的生活方式逐步西化的过程中，吴服店开创出一种新的商业形态。

此后，东京的吴服店相继转而投身百货商店行业，在20世纪20年代到30年代期间，出现了百货商店开业潮。同时受到1923年那场侵袭首都圈的关东大地震的影响，吴服店陆续变身为百货商店[①]，仿佛预示着从此就是百货商店的时代了。部分百货商店没有私营铁路等实业公司在背后出资，是独立经营的。回顾这类百货商店的门店开业历史，会发现在20世纪50年代之后，几乎不再有新店开业（见表3-2）。但是，这时候百货商店市场规模并没有缩小，反而是在扩大。它作为最有实力的零售形态，获得了广大顾客的支持。

表3-2　主要百货商店在东京开设的门店
（私营铁路公司旗下的百货商店除外）

时间	门店
20世纪10年代	三越（日本桥）、松坂屋（上野）、白木屋（日本桥）
20世纪20年代	松坂屋（银座）、松屋（银座）、三越（新宿）
20世纪30年代	伊势丹（新宿）、三越（银座）、高岛屋（日本桥）、美松（日比谷）

---

① 本书的伊势丹案例就是其中一个例子。

续表

时间	门店
20世纪50年代	大丸（东京站）、丸物（池袋）、丸物（新宿）、三越（池袋）
20世纪60年代	高岛屋（二子玉川）

法律限制导致经营体力耗尽，前教师被委以重整重任

从20世纪60年代开始，不再出现新百货商店的原因在于日本政府出台的一项法律。1956年，政府制定了《第二次百货店法》①，对百货商店进行了定义，规定在东京都中心城区，同一商铺的卖场面积超过3 000平方米的零售商店即为百货商店。同时，法律规定大规模零售商店新张开业，或者既有店铺扩大卖场面积的，必须获得通产大臣的批准以及店铺所在地的商工会议所②的同意方可执行。

之所以出台这些针对百货商店的经营限制，是因为小微零售业者及个人商店等发起了激烈的抵制百货商店运动。当时，百货

---

① 《第一次百货商店法》制定于20世纪30年代。由于百货商店的力量过于强大，为了进行制约，日本政府制定了该法律对其实施经营限制。

② 日本商工会议所是具有法人资格的全国性经济团体，在主要城市设有地方组织。其职责包括通报、中介、调停仲裁、证明鉴定、统计调查本地区工商业事宜等，在对中小企业的经营指导方面起了重要作用。——译者注

商店风头一时无两，商业街等因此呈现颓势。《第二次百货商店法》就在这样的背景下被制定出来，从此小微零售业者的竞争对手——百货商店想要开设新店或扩大卖场，都变得更为困难[1]。

直接受到《第二次百货商店法》冲击的是一家名叫东京丸物的中型规模百货商店。该公司在《第二次百货商店法》制定前夕挤进了东京市场，于1957年在池袋开设了门店，但是此后马上就遇到了无法扩大卖场的问题。受此影响，东京丸物的业绩一直无法提升，直到经营体力被消耗殆尽，1968年以转让的方式迎来了企业生命的终点。

西武百货店收购了位于池袋站附近的东京丸物。当时为了对东京丸物实施重整，公司任命了西武百货店的员工增田通二[2]作为项目负责人。增田通二的经历非常特别，原本在定时制高中担任社会科老师，后因为与西武集团创始人堤清二结缘，进入西武百货店任职。虽然增田通二的职场履历并不华丽，但是堤清二在启动东京丸物重整工作的时候，提拔了增田通二作为负责人。

---

[1] 例如，1956年高岛屋试图进军新宿，但由于当地商业街强烈反对，最终计划受挫。因此高岛屋将目光投向东京郊外，1969年在二子玉川开设了"玉川高岛屋S·C"。

[2] 增田通二：1952年毕业于东京大学后在定时制高中（一种开设夜校课程的高中）担任教师。1961年进入西武百货店任职。参与东京丸物的重整工作。

东京丸物的重整面临着三大课题。第一个课题是受制于政府规定，难以扩大卖场面积；第二个课题是位于池袋的东京丸物就在西武百货店旁边，必须以不存在竞争关系的方式进行重整；第三个课题是东京丸物所在建筑物是与池袋站相连通的大厦，其所有者是国营铁路公司，昂贵的租金带来了沉重的固定费用负担。

这三大课题使东京丸物的重整工作变得困难重重。只要是一家百货商店，就不可能不与其他百货商店存在竞争关系，而且在重整工作上花的时间越长，所产生的租金压力就越重。当时，东京丸物每月都出现2亿日元的巨额亏损，连负责重整工作的增田通二也曾气馁地表示"感觉撑不下去了"，情况让人感到绝望。

那么，增田通二是如何面对重重困难，成功完成东京丸物的重整工作的呢？

从根本上定义"到底要向谁销售什么"这个问题

面对多重课题，增田通二给出的答案是放弃百货商店这一业务形态。百货商店的本质在于通过贩卖各种各样的产品，向处于社会中上阶层的消费者销售最新的潮流体验，但实际上西武百货店近在咫尺，想要走这条路线是非常困难的。加上卖场面积小，无法同时陈列各种各样的产品。因此，增田通二放弃将东京丸物打造成一家新的百货商店，在1969年6月关闭了店铺。

在此基础上，他不断思考的一个问题是"到底要向谁销售什么"。当时百货商店的主要顾客是社会中上阶层人士，年龄段也偏大。这是因为百货商店是一个高级的购物场所，能在这里购物的，自然是收入高、年龄大的人群。这时候增田通二想到的是，以二三十岁的年轻人为目标人群，与传统百货商店实现分栖共存。

自20世纪70年代以来，年轻人群的购买能力呈现出逐渐加强的趋势，增田通二的构思正是在这样的社会背景之下应运而生。国民收入倍增计划①让人们的工资水平有所提高，二三十岁的年轻人也不例外，他们的购买能力也因此提升了。此外，直到20世纪60年代之前，绝大部分大学生都是男性，大学是一个充斥着男性气息的学术之地。但是到了20世纪70年代，许多女性进入大学求学，女大学生这个词语开始普及②，大学变成了一个聚集了青年男女的鲜活艳丽的地方。在这样的背景之下，年轻人群的时尚

---

① 1960年，日本池田内阁为了推动日本经济的发展，宣布实施"国民收入倍增计划"。该计划旨在通过扩大就业解决失业问题，以增加出口获得外汇作为主要手段，使国民收入（国民生产总值）增加一倍，大幅提高国民生活水平。这场新经济运动成为日本经济起飞的基础和转折点。——译者注

② 20世纪60年代，因为女大学生有所增加，部分人提出了"女大学生亡国论"。

意识越来越强。当时人们纷纷购买牛仔裤等时下最流行的服饰，二三十岁的年轻人群购买欲越发旺盛。

在女大学生增多、人们购买欲旺盛，以及年轻人群收入提高等社会变化的影响下，20世纪70年代出现了年轻人的消费市场。

面对"向谁销售"这个问题，增田通二选择了"年轻人"这个答案，从结果上来看是符合时代潮流的。增田通二舍弃了"丸物"这个听起来很传统的名字，从年轻人的喜好出发，重新取名为巴而可①。增田通二一手打造的新型零售商店就此诞生了。

1969年11月，原东京丸物池袋店以"巴而可百货"这个新名字重新开张。然而还要解决下一个问题，就是"如何招揽年轻顾客"。东京丸物位于与池袋站相连通的大厦，地理位置可谓无可挑剔，但是当务之急是首先要让大家知道这是面向年轻人的零售商店。实际上，当时人们都没听说过这家名叫"巴而可"的商店，它在年轻人中认知度很低，商铺进驻率也并不理想。

这时候增田通二想到的是形象广告这一崭新的广告手法。过去百货商店的广告中经常出现"大甩卖"等语句，但是巴而可百货并非宣传促销信息，而是想要通过广告传递出巴而可百货的形

---

① 巴而可来自意大利语，意为公园。增田通二希望通过欧洲风格的新潮名字来吸引年轻人的兴趣。

象，让人们知道巴而可百货是一个怎样的地方①。其实这则广告，不仅是为了向年轻人群宣传巴而可百货本身，还有一层重要的战略意义。分析巴而可百货的商业模式，就能看出其中深意。

关于巴而可百货的收益，可能人们会认为主要来自产品销售（向年轻人销售时尚服饰），但实际上并非如此。因为巴而可百货的商业模式，从本质上说是商铺出租。巴而可百货本身并不参与具体产品的销售，它需要做的是招募面向年轻人群的时装商户并从中收取商铺租金及广告宣传费用，以及招揽年轻人前来购物②。

也就是说，巴而可百货真正的客户是那些面向年轻人群的时装商户，它所提供的客户价值是打造一个年轻人聚集的地方。因此，前面提到的形象广告，不仅是面向年轻消费者的，也是为了鼓励那些面向年轻人群的时装商户进驻巴而可百货。

人们的时尚偏好日新月异，时装行业容易出现库存风险。但是通过这种方式，巴而可百货建立起了一套能够防范这一风险的事业模式。另外，增田通二还积极举办各种商场活动，吸引年轻

---

① 为了与传统百货商店的广告实现差异化，巴而可在制作广告时起用了曾在西武百货店任职、后来作为自由职业者的独立创作人来设计。

② 巴而可百货的业务形态与房地产相似，因此在20世纪70年代，也被人们称作华丽的房地产商。

人前来购物。"10日元寄席①""为你献上最棒的商场"等崭新的
活动方案，成功让年轻人逐渐意识到巴而可百货是个有个性的
地方。

用创意克服障碍

通过以上经营策略，池袋巴而可百货的经营逐步走上正轨，
巴而可百货开始计划在各地开设门店，增田通二决定先在涩谷开
设门店。

涩谷位于东急电铁东横线、京王电铁井之头线的交汇处，
靠近居民收入水平较高的世田谷区等东京都南部商圈，与池袋相
比，这个地理位置更有利于招揽购买能力强的年轻顾客。另外，
涩谷周边分布着许多大学，获客潜力非常高②。但是有一个问题，
就是涩谷巴而可百货的开设地点。跟池袋巴而可百货与车站相连
的地理位置不同，涩谷巴而可百货的开业规划地点与涩谷站距离
几百米③。也就是说，对于零售业来说最重要的地理位置条件毫无

---

① 寄席是观赏日本传统曲艺表演的设施，其中以落语表演为主。落语的
表演形式与中国的单口相声相似。——译者注
② 但是在20世纪60年代，涩谷还不是一个年轻人聚集的繁华闹市，只是
一个不起眼的换乘站。
③ 东急百货店与涩谷站相连，是一个强劲的对手。

优势可言。而且当时的涩谷区宇田川街刚刚获得商业设施建设许可，周边是一片住宅用地①。这个地点凑齐了所有对商业设施来说最不利的条件。

面对这样的情况，增田通二想到了一个办法。那就是在涩谷巴而可百货开业的同时，对周边的街道进行翻新。例如把通往涩谷巴而可百货的坡道命名为西班牙街，把地名改为更符合年轻人口味的新潮名字，将从涩谷站到涩谷巴而可百货之间的路线转变为能让年轻人感受到购物乐趣的空间。

1973年6月，涩谷巴而可百货成功开业。不仅从开业之初就成功吸引到了年轻顾客，还将涩谷一带变成了二三十岁的年轻人群乐意前来购物的地区。当初门店位置距离车站较远的问题让人担忧，但是对于腿脚灵活的年轻人来说，这根本不是问题。同时，占地面积较小的零售商店相继在附近一带的坡道上开业，这些充满个性的店铺吸引了年轻人的兴趣，提升了涩谷一带的商业价值。

巴而可百货于1969年在池袋开业，又于1973年在涩谷开设分店，成功塑造出时尚年轻人聚集地的独特品牌。在20世纪70年代至80年代前期，川久保玲、三宅一生、山本耀司等设计师品牌都曾进驻巴而可百货，因此巴而可百货也发挥着培育时装

---

① 涩谷巴而可百货的开业规划地点周边有很多坡道，同样不利于店铺开设。

品牌的作用①。

巴而可百货凭借着在年轻人群中的号召力，建立起了自己的口碑，开始拥有挑选进驻商户的地位，此后业绩逐步提升。这是因为想要进驻的商户越多，巴而可百货在商户进驻和撤场事宜的交涉过程中，越容易掌握主导权。结果，巴而可百货在1975年消除了累计亏损，奠定了时尚潮流圣地的地位。增田通二就是这样让一家陷入经营困难的百货商店重获新生。

总结 崭新的创意来自其他领域的知识

面对危机，很多人会想用全新的突破性产品来克服危机。但实际上，巴而可百货的案例，是通过一改向消费者销售产品这种传统的百货商店业务模式，转型从事类似房地产商的业务——向商户出租获客能力强的商场铺位，成功让企业重整工作步入正轨的。这说明不拘泥于传统业务形态的崭新创意，有可能成为危机管理的突破口。

那么，有助于度过危机的崭新创意又是从何而来的呢？其实灵感来自增田通二毕业于东京大学之后，在定时制高中任社会

---

① 随着巴而可百货的开业，年轻人聚集的时尚街区从以往的青山、赤坂、六本木一带，转移至涩谷一带。

科老师的经历。据说增田通二在上课的时候，并非只向学生传授既定事实，而是从"人们是如何行动的"这一角度进行教学。也就是说，他一直都以洞察人类本性的角度去看待问题。正因为从这个角度出发，并以局外人的立场去看待丸物百货店，才让增田通二正确地回答了"今后的顾客是谁？""顾客真正想要的是什么？"这些核心问题。

当主业陷入危险且令人绝望的状况时，能帮助我们摆脱危机的往往并非行业内的知识，而是行业外的知识。可能有人认为行业外的知识是指教养，也有人认为其他不同行业的经验才是行业外的知识。当不同的知识相互融合时，也更容易诞生出那些能够帮助我们度过危机的新创意。那些真正意义上的优秀创意，往往就是人们过去不曾注意到的盲点。保持一颗淳朴的好奇心并且不断吸收新知识，也许日后能帮助我们度过危机。

自省清单

☐ 是否不自觉地受制于行业的条条框框？

☐ 是否有意识地吸收行业外的知识？

☐ 面对工作时，是否综合运用了各种各样的知识？

案例 15　东宝

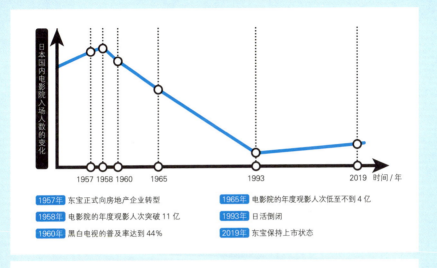

日本国内电影院入场人数的变化

时间 / 年

1957　1958　1960　　1965　　　　　　　1993　　　　　　2019

1957年 东宝正式向房地产企业转型

1958年 电影院的年度观影人次突破 11 亿

1960年 黑白电视的普及率达到 44%

1965年 电影院的年度观影人次低至不到 4 亿

1993年 日活倒闭

2019年 东宝保持上市状态

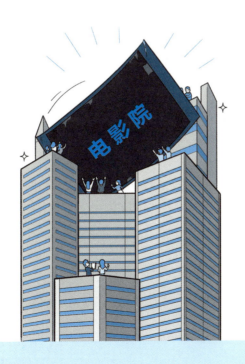

为前途渺茫的主营业务搭配稳定的副业

2020年，电视行业正面临着一场暴风雨。人们逐渐习惯了在网上观看视频，在观众心里，看电视这个选项的优先程度降到了前所未有的低位。互联网与电视在10年前还没有可比性，但现在两者之间的差距正在逐渐缩小，身处暴风雨中的电视行业人士的内心想必非常复杂。

电视行业现在是被驱逐的一方，但是回顾历史，它曾经也是驱赶对手的一方。那时，电视行业华丽地超越了某个产业，作为新媒体实现了崛起。

本节将聚焦上文中提到的某个产业——电影产业中一家名叫东宝（TOHO）的企业。我们一起看看，面对新媒体崛起的危机，该企业是如何直面危机并开拓出一条突围之路的。

在过去那场"电影VS电视"的媒体争霸战中，很多电影公司最终无奈地选择停业、倒闭。而东宝则是其中最成功地度过了危机的一家企业。东宝度过危机的关键点在于几个让人意想不到的策略，那就是经营者无须亲临现场、不追求优秀作品、不偏袒既有事业。

"娱乐等于电影"的那个时代

如果说电视是之前的娱乐之王，那么电影就是20世纪50年代以前的娱乐之王，电影作品捧红了很多当时的知名人物，银幕巨星一词十分流行。

为什么在20世纪50年代，电影能成为人们娱乐生活的中心？答案显而易见，就是当时电视机尚未完全普及，人们想要看电影就只能去电影院。加上当时娱乐方式很少，而且人们每周只休息一天，想出一趟远门很不容易[①]。因此每逢休息日，人们都会选择到家附近的电影院看戏，这就是当时普遍的娱乐方式。

在此背景之下，一直到20世纪50年代，繁华商圈的中心区域都会有一家电影院。比如东京的浅草、大阪的难波、神户的新开地，都是以电影院为中心形成了商圈。

在日本，电影院入场人数的峰值出现在1958年，取得了年度观影人次达11亿的成绩。简单地换算一下，当时日本的人口约为9 000万人，也就是说平均每人每年前往电影院的次数超过12次。无论男女老幼，大家每个月都会去看电影，这就是电影产业全盛

---

① 1965年松下电器引进双休制度，成了社会话题。当时在日本，人们普遍周六都要上班。

时期的状况。

正因为电影是人们娱乐生活的中心，当时的电影产业也创造出了很多社会潮流。在当时那个"娱乐等于电影"的时代，电影制片公司、发行公司占据了内容行业的最高地位。20世纪50年代，东宝、松竹、日活、东映、大映、新东宝这六家企业在电影行业里掀起了激烈的竞争。大映擅长古装片，而日活则擅长现代片……各家企业都有自己擅长的领域，百花齐放。

电视机的普及与行业生存危机

电影行业自从在1958年迎来观影人次达11亿的行业巅峰之后，就一直在走下坡路。观影人次逐年减少，在仅仅10年后，1968年的观影人次下降到只有3亿，行业规模缩小到了当初的四分之一。电影行业的衰落并未就此止住，4年后即1972年，观影人次继续下跌到只有1.9亿的水平。由此可见，在短短14年之间，人们正在快速地远离电影院。

为什么电影产业会急速衰落到如此程度？答案就在于电视机的普及。日本的电视台节目从1953年[①]开始播放，但是当时电视机价格高昂，对于一般老百姓来说，就像高岭之花一样不可高攀。

[①] 1953年，日本电视台成立，日本的电视节目播放历史由此开始。

但在那之后，随着电视机量产化的推进，其价格逐渐回落，家庭普及率也随之提升。1957年，电视机的家庭普及率只有不到10％，1960年上升至44.7％，1965年达到了90％。人们从此可以在自己家中享受影像娱乐，从电影到电视的媒体迭代就这样以迅雷不及掩耳之势发生了。

主流媒体从电影变成电视，首当其冲的就是电影院了。电影院的获客能力因此而减弱，中小型电影院更是难以为继。1960年日本国内共有7 457家电影院，但到了1970年便锐减至3 246家。当时保龄球开始流行，因此也有一些电影院被改造成保龄球场[①]。其次，电影制片公司、发行公司也受到了打击。包括以东宝为首的几大电影公司在内，各家企业都面临着人们远离电影所带来的影响，这关系到企业的生死存亡。

转眼间，电影产业正逐步失去信息传播的能力。当时的杂志对此状况进行了报道，例如当时的《东洋经济周刊》曾写道："如果说得夸张一点，电影制作方应该是电影文化的旗手，站在时代的最前沿，负责引领社会风俗、流行趋势等。事实上在50年代，电影确实发挥了文化领袖的作用。但是那个时代已然逝去。"

---

① 1971年，日本出现了一股保龄球热潮，很多人开始经营保龄球场。

就这样，日本电影产业在经历了短短十几年的鼎盛期之后，瞬间跌落到谷底。那么，面对从电影向电视快速更迭的社会潮流，东宝是如何做出应对的呢？

不去拍摄现场，关注经营指标

20世纪50年代到60年代，东宝所做的是从电影产业向房地产业转型。面对人们远离电影的趋势，东宝没有设法力挽狂澜，而是以这一现状为前提，着力探索公司今后应采取的策略。这个思路跟东宝这家公司的企业历史，以及它当时的状况有关。回顾东宝的历史，便会知道其实它最初是阪急电铁的一家子公司[①]。

对铁路公司来说，如何拿下土地用来建造车站、铺设线路是非常重要的。当时的东宝也一样，它在东京都内各个地区拥有房产，在房产资源运用方面略胜其他公司一筹。比如在东京的银座地区，以有乐町街道为中心，东宝拥有的土地与电影院星罗棋布。在涩谷、新宿等中心区域也一样。

在此情况下，1957年清水雅就任东宝社长之后，便正式开始向房地产行业转型。首先，清水雅提出了"清水式高度利用

---

① 阪急电铁的创始人小林一三是日本首个将房地产与铁路交通融合在一起的人物。为此，阪急系企业有重视房地产业务的传统。

法"这一设想，在电影院所在地点建设大厦，其目的是同时获取电影院收入和房地产租金收入。他试图通过出租办公室来获得租金，构筑一个不轻易受电影业务影响的企业收益结构。随后，东宝在东京都中心地区的黄金地段，建起了有电影院与办公室进驻的商厦。例如1966年，东宝在东京日比谷的旧帝国剧场原址新建了国际大厦，1969年在有乐町新建了东宝双子塔等。人们高度评价东宝强化房地产事业的方针，20世纪70年代，人们称赞其为"精明的东宝""在脱离电影行业的路上勇往直前"等。

东宝脱离电影行业的举措，不只是将公司的业务重心转移到房地产行业。20世纪70年代，东宝将电影业务的核心部门——制作部的规模逐步缩小；20世纪70年代以后，还将制片相关部门纷纷改组为独立子公司，母公司则不再参与电影制作。

当时，清水雅几乎不去电影拍摄现场视察，并表示公司是基于业绩指标来判断一项业务是否有必要继续开展的①。清水雅将"哪怕是公司主业，如果不赚钱就要撤出"的理念贯彻始终，东宝作为一家从事电影制片发行的公司，实际上却离开了电影制作行业，并以此求得了生存。

---

① 在《清水雅的阪急集团经营语录》中，他表示自己在东宝工作的20年期间，前往拍摄场地的次数不到5次。

东宝实现了从电影产业向房地产业的转型，并成功让公司保持上市状态。在电影行业中，影片发行环节收益最高，因此东宝只保留了这个业务板块。时至今日（2020年），东宝的影片发行份额位居日本国内电影市场第一，仍然保持着很高的收益水平。

"反时代潮流而行"意味着什么？

前面我们介绍了东宝是如何通过向房地产行业转型成功而度过危机的。但是，在那个主流媒体从电影向电视更迭的时代，并非所有电影制片及发行公司都能成功克服危机。日活和大映这两家电影行业的头部企业，就落得了倒闭的悲惨下场。日活和大映之所以最终倒闭，是因为它们的经营者一直坚持从事电影行业，直到最后。

大映时任社长永田雅一认为"只要创作出优秀的作品就能存活下去"，决定致力于制作规模宏大的电影作品。但是在观影人数锐减的背景下，公司始终未能推出足以覆盖运营成本的大热作品，最终于1971年破产。大映这家电影行业中的大型上市企业，就此不堪一击，以破产收场。这一标志性事件向世人宣告电影产业已沦为夕阳行业。

日活时任社长堀久作认为"电影是夕阳行业这种说法完全错

误""电视有电视的局限性，电影只需要创作出超越电视格局的作品就可以了"，并持续投资电影制作。他选择了和电视行业正面对抗到底。尽管公司为了坚持电影制作，先后在1969年出售了日活公寓（位于东京都芝区）、1970年出售了日活国际会馆（位于东京都有乐町）等位于东京都中心城区的优质房产，但始终未能实现突围，1993年申请应用公司更生法并走向破产。

结果，相信电影的力量并打算通过制作出超越电视的电影作品来度过危机的日活和大映，最终都迎来了倒闭的悲剧。但与之相反，对电影行业的未来持悲观态度，最先开始缩小电影制作业务规模的东宝却活了下来，直至现在仍然是电影行业的一方霸主。这何尝不是一件讽刺的事。

总结 | 停止那看不清问题本质的无谓挣扎

本节提及的"从电影向电视的变迁"是一个结构性变化，人们的生活方式也随之而变化。这个现象的本质在于娱乐方式变得多样化，电影变成了众多选项中的一个选择，它跟电影好不好看、有没有优秀的作品是不同层次的问题。当人们的行为也出现了结构性变化时，即使选择对症下药，去制作更有趣的作品，也不可能重拾昔日风采。

但是很多时候，身处漩涡之中的人都无法直面已发生结构性

变化的事实。具体到本节案例中的电影行业，它曾在20世纪50年代充当日本文化的旗手，而且人人都对电影明星满怀憧憬，往日的辉煌为行业带来优越感。正因为这份优越感，让人们更加难以看清面前的结构性变化，多家企业都将注意力放在了"如何制作出优秀电影作品"这个问题上。就这样，这些企业向着收益微薄、事业难以为继的方向越走越快。

2020年的今天，似曾相识的故事正在电视行业中重演，实在耐人寻味。21世纪10年代，主要在互联网上进行创作的内容创作者的影响力大大提升。对此，电视行业的人们纷纷表示"简直没有可比性""电视不可能被打败""要制作出更优秀的电视节目"。看着如今"电视VS互联网"的竞争关系，让人不禁联想会不会重蹈覆辙，就像过去的"电影VS电视"。

无论是电影还是电视，都是一代王者，这一点毋庸置疑。称霸一时的人们，往往无法直面自己的地位遭受挑战的现实。不仅在影片行业，所有行业都是如此。只有那些不留恋王位，能够虚心面对现实变化的企业或商务人士，才能生存下去。

自省清单

☐ 是否认定"优秀作品才是战胜危机的突破口"？

☐ 是否深信强势行业的未来一定会很稳定？

☐ 面对不可逆的结构性变化，是否试图抵抗？

第四部分

如何战胜由劲敌、行业对手、行规引发的危机

苹果公司 | 奥多比 | 希森美康 | 爱丽思欧雅玛 | 宝洁公司

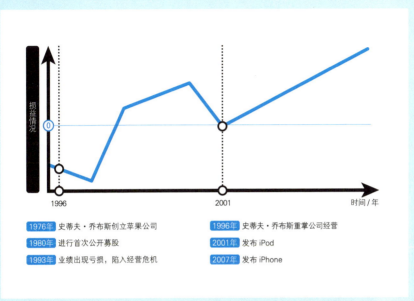

损益情况

0

1996　2001　时间 / 年

1976年　史蒂夫·乔布斯创立苹果公司
1980年　进行首次公开募股
1993年　业绩出现亏损，陷入经营危机

1996年　史蒂夫·乔布斯重掌公司经营
2001年　发布 iPod
2007年　发布 iPhone

借助宿敌的力量度过危机

21世纪前十年出现了一个席卷全球的商业风潮，那就是由谷歌、苹果、脸书、亚马逊组成的GAFA。从创立年代来看，这四家企业中有一家是与众不同的。你猜是哪家？

答案是本节的主角——苹果公司。谷歌、脸书、亚马逊都是在20世纪90年代互联网普及之后创立的，但苹果公司创立于1976年，这在GAFA中算是老企业了。

现在的苹果公司是一家世界知名的优良企业，但早在20世纪90年代，它正身处危机之中。当时公司的收益水平长期走低，甚至有传闻称"苹果公司已无法复活"。那么，本节我们将重点关注苹果公司这家科技行业中的老企业，回顾其发展历程，探究苹果公司是如何推翻"无法复活"这个断言的。

进入了"确变模式"的1974年

如果对比查阅企业历史，会发现在某一特定时期、某一特定行业里，同时诞生了很多家有潜力的企业。这是因为一些商业触觉敏锐的创业者在时代的变化之中捕捉到某种商机，并设立了自己的创业公司，进入了"确变模式①"。

20世纪70年代半导体产业得到发展，以此为契机，计算机行业中第一次出现了同时诞生多家创业公司的现象。1971年，英特尔推出微处理器，只需一枚芯片便能控制过去那体积庞大的计算机②，让计算机走进普通人的日常生活中。此后在1974年开发出"i8080"高性能芯片，让计算机行业呈现出一片欣欣向荣的景象。通过创新，公司迎来了新的商机。

当时一个象征性的事件是，创业公司微型仪器与自动测量系统公司（MITS）在1974年12月开发出世界首台个人计算机阿尔泰尔8800（Altair 8800）。在此之前半导体芯片价格高昂，对于个人用户来说计算机是几乎不可能拥有的物品。但是随着英特尔开发出高性能芯片，计算机价格大幅降低。个人计算机这个巨大的市场应运而生。部分创业者注意到了这个巨大市场的兴起，那就是微软公司的比尔·盖茨、苹果公司的史蒂夫·乔布斯等人。微软公司开发出计算机语言，而苹果公司则开发出具有较强图像处理

---

① 日本赌博游戏街机柏青哥的一种游戏模式，意为"概率变化模式"，进入确变模式时游戏机的出奖概率变高。——译者注
② 微处理器之所以能够缩小到一枚芯片的大小，一个很大的原因在于集成电路技术的发展。——译者注

能力的个人计算机。微软公司于1975年创立，苹果公司则创立于1976年。由此可见，在那个时期，诞生了两家影响世界的企业[①]。

微软公司和苹果公司在微处理器诞生以及个人计算机市场扩大的背景下，抓住了新的商机。

巨无霸企业加入市场竞争

苹果公司在1976年创立之后，得益于个人计算机市场的扩大，实现了快速发展。20世纪80年代，苹果公司进行首次公开募股，在创立后短短四年时间里，公司的经营工作走上了轨道，其经营者乔布斯也备受瞩目。此后，苹果公司坚持个人计算机开发的经营路线，在1984年推出了"麦金塔计算机[②]"（Macintosh）。

然而20世纪80年代出现了一个巨大的变化，那就是巨无霸企业进入了个人计算机市场。1981年，计算机行业的巨人IBM推出个人计算机IBM-PC，进入个人计算机市场，向苹果公司发起正面竞争。

苹果公司的个人计算机有很强的图像处理能力，更偏向有特定使用需求的用户，但IBM的个人计算机则重点关注一般商务用

---

① 在日本，孙正义注意到微处理器的发展，于1981年创立了计算机软件销售公司软银。

② 麦金塔计算机是苹果系列计算机的称呼，简称Mac。——译者注

途，因此IBM迅速扩大了市场份额。此前，苹果公司一直占据个人计算机市场份额第一的地位，但此时宣告失守，1983年苹果公司的收益水平低于去年同期。这家备受青睐的快速成长企业陷入业务发展停滞的状态，投资者表示失望，苹果公司内部也出现了矛盾。

不仅如此，20世纪80年代席卷个人计算机市场的IBM个人计算机还拥有改写行业竞争规则的力量。那就是IBM在计算机生产过程中，选用了微软公司推出的操作系统和英特尔推出的微处理器。此后，个人计算机市场的中心不再是IBM、苹果公司等硬件制造商，而是转移到那些提供操作系统或微处理器的企业身上[①]。

结果，微软公司和英特尔实现了迅猛发展，但苹果公司却日渐式微，1985年乔布斯离开了自己亲手创立的苹果公司。而且，当时业界对乔布斯的评价非常差。当时的日本媒体对此评论道："对于这个硅谷新英雄，或者说是美国梦的代言人物来说，可谓是一个悲惨的、难堪的结局。"就是这样，苹果公司这家过去飞速发展的创业公司，在计算机行业的变化中，被逼到走投无路的境地。

---

① IBM的计算机业务收益水平很低，这是该公司于1993年陷入经营危机的一大原因。

乔布斯离开之后，苹果公司的经营工作越发找不到方向。20世纪90年代，在操作系统领域，微软公司发布了Windows图形用户界面操作系统，这进一步抵销了苹果公司的优点。1996年，苹果公司的营业收入为98亿美元，年度亏损8亿美元；1997年营业收入70亿美元，年度亏损10亿美元，公司经营走进了死胡同。

向宿敌微软公司求助

创立后约20年，也就是1996年，在苹果公司被打击得体无完肤的时候，乔布斯重返公司掌管经营工作。他做的第一件事是解决资金短缺的问题。通过与竞争对手微软公司合作，苹果公司有了充足的资金。另外，他还向微软公司承诺，针对Word、Excel等商务用途中不可或缺的微软办公软件，将开发出适配苹果操作系统的版本①。但即使与微软公司建立了合作关系，人们对苹果公司的未来发展仍然抱有诸多质疑。使用苹果产品的某分析师表示："现在在用的这台苹果计算机，也许是我最后的苹果计算机了。"各种媒体也报道："微软公司承诺在注资后3年内不干预苹果公司的经营管理。也就是说如果苹果公司无法在3年内复活，就有可能被微软公司吞并。"尽管通过合作筹措到了资金，但对于

---

① 对于微软公司来说，苹果公司的存续有利于公司免受反垄断法制裁。

苹果公司的发展前景，大家普遍持怀疑态度。

成功通过融资解了燃眉之急的苹果公司，不顾各种批判的声音，着手削减产品数量。苹果公司在20世纪90年代前期，开发出各种各样硬件设备，但是产品数量繁多，导致单一产品的投资效率越来越低。为此，苹果公司大刀阔斧地对产品数量进行削减，明确划分出应该投资的领域与不应投资的领域。据说当时削减了70％~80％的产品。结果，公司的营业收入从1995年的110亿美元锐减到1998年的59亿美元，但是1998年成功扭亏为盈，年度净利润为0.3亿美元。虽然还不算是成功复活，但最起码止住了出血。

在这次大规模削减产品的过程中，乔布斯留下了计算机业务的核心部分——操作系统业务。苹果公司决定停止向经营兼容机器的其他公司提供苹果计算机系统的技术授权，实施自主开发。随后，苹果公司开始在公司内推进"苹果操作系统"（Mac OS X）①的开发工作。

1998年，第一代苹果一体机iMac面世，其彩色外观得到了顾客的好评，销路非常好。2000年，苹果公司营业收入为79亿美元，净利润高达7.8亿美元，似乎重新回到了高收益企业的行列。但其实

①苹果公司在2001年发售苹果操作系统，终于成功自主开发出高性能的计算机操作系统。

在这个阶段，苹果公司还没有真正实现复活。苹果一体机的热潮并没有持续很久，加上互联网泡沫的崩溃导致个人计算机需求低迷，2001年，苹果公司再度出现亏损，年度损益为-0.2亿美元。

2001年，媒体在评论乔布斯时写道："尽管他现在还对个人计算机的前景充满热情，但面对市场低迷导致的经营亏损，不得不做出艰难的抉择。"由此可见，苹果公司依旧面临着非常困难的局面。而乔布斯本人在2001年的一次采访中表示："虽然确实存在市场停止增长导致库存增加等问题，但是压缩库存的工作也有了很大的进展。不过还是难以在短期内恢复到之前的状态。也许只能逐步改善了。如今的个人计算机市场确实处于一个极为严峻的阶段。"可以看出，他对行业前景并不乐观。

可见，尽管乔布斯重回苹果公司，但在最开始的几年，公司经营始终没有太大起色。

凭借iTunes和iPod实现复活

真正让苹果公司实现复活的，是2001年发布的音乐播放软件iTunes，以及同年发售的随身听设备iPod。有了这两个产品，人们不再需要用光盘等介质来听音乐，可以在软件上批量管理自己喜欢的音乐。

但是，iPod在一开始并没有取得爆发式的成功。这是因为当时该设备只适用于苹果计算机系统，与微软的视窗操作系统（Windows）并不兼容。

后来，苹果公司开发出能在微软视窗操作系统中运行的音乐播放软件，并扩大iPod的储存容量，通过这些改善措施，iPod逐渐得到了消费者的认可。2002年，iPod的销售额只有1.4亿美元，经过快速发展，2004年的销售额上涨至13亿美元。这组数据反映了iPod在全球范围内得到了认可的事实[①]。

2005年，苹果公司实现营业收入139亿美元，净利润13亿美元，至此，苹果公司实现了真正的复活，并得到了人们的认可。人们对乔布斯的评价也发生了很大转变。2005年，乔布斯向斯坦福大学的毕业生做了题为"求知若饥，虚心若愚"（*Stay Hungry, Stay Foolish*）的演讲。随着苹果公司业绩向好，乔布斯的企业经营能力重新得到了人们的认可，甚至在某种程度上被人们神化了。

用iPod使公司的经营重回正轨的乔布斯，在2007年发布了智能手机iPhone[②]，这是一款发挥了计算机的潜能的产品。

[①] iPod在日本也很受欢迎，苹果公司日本法人的时任社长原田泳幸也备受瞩目。后来原田泳幸成为日本麦当劳的经营者。

[②] 虽然iPhone在发售之初就得到了很高的评价，但也有人质疑其便利性。

就这样，苹果公司在竞争对手微软公司的支援下，成功摆脱了财务危机，凭借iPod的成功开辟出复活的路径，再依靠iPhone重回世界级企业的行列。

总结 | 杰出的事业总是褒贬不一

前面提到，自2005年以来，乔布斯在某种程度上被神化了。但是在此之前，他只是一个不被肯定的创业者，远远称不上一名优秀企业管理者。当乔布斯在1996年回归苹果公司的时候，大部分人并没有想过他将会带领苹果公司实现复活。即使一个人在某个时期被一致肯定为优秀企业管理者，也并不代表他在所有方面都具备优秀的经营能力。又或者说，这不意味着他在过去一直保持着优秀的经营业绩。

企业经营是一条布满泥泞与荆棘的道路。哪怕是乔布斯，在获得世人高度评价之前，也经历了一段毁誉参半的日子。我们甚至可以说，正因为他多年来不被周遭的评论所影响，才最终获得了高度赞誉。在被人们毫无保留地盛赞"太厉害了"之前，往往先要经历一段苦苦挣扎的时光。乔布斯的案例也一样，他在2005年得到全面肯定之前，经历了30年左右的艰难时期。

人们对商务人士的评价也一样，它们并非在短期内形成，而且在某一特定时期内的评价也不可能持续到永远。因此在面对工作时，绝不可一心只想着获得高度评价。相反，哪怕牺牲当下的评价，能始终如一地为将来的成功埋下种子，才是真正做出优秀工作的关键。

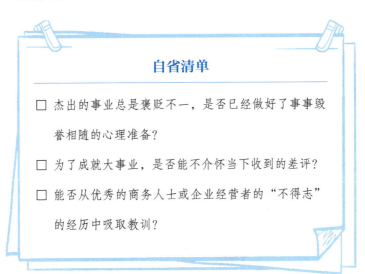

自省清单

☐ 杰出的事业总是褒贬不一，是否已经做好了事事毁誉相随的心理准备？

☐ 为了成就大事业，是否能不介怀当下收到的差评？

☐ 能否从优秀的商务人士或企业经营者的"不得志"的经历中吸取教训？

案例 17　奥多比

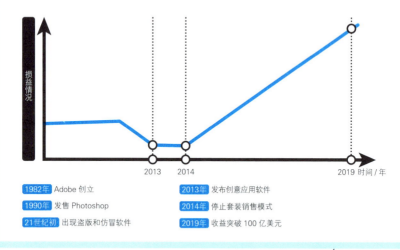

1982年 Adobe 创立

1990年 发售 Photoshop

21世纪初 出现盗版和仿冒软件

2013年 发布创意应用软件

2014年 停止套装销售模式

2019年 收益突破 100 亿美元

不动声色地强化优势

Adobe是一家跨国企业，主营各种创意工作者使用的设计软件。Adobe向用户提供的软件有用于绘图的矢量绘图工具Illustrator、用于图像编辑的位图图像处理软件Photoshop、用于视频编辑的视频编辑软件Premiere等。

虽然Adobe在设计软件方面拥有绝对优势，但是21世纪初期，该公司的股价一直处于横盘状态，迎来了漫长的业绩低迷期。而其中的原因在于苹果公司的崛起。苹果公司曾宣布，苹果电脑操作系统不兼容Adobe公司的主力产品之一的动画制作软件Flash。当时，苹果公司的经营规模不断扩大，势如破竹，宣布不兼容Flash，等同于向Adobe宣战。

那么，Adobe是如何面对"苹果公司崛起"这一危机的呢？答案就是重点强化不与苹果公司构成竞争关系的业务优势，同时开创新的业务模式。

和有"养育之恩"的苹果公司展开"字体战争"

Adobe是1982年创立于美国硅谷的一家创业公司。公司初创时期的支柱业务是一种专门为打印图形和文字而设计的编程语言PostScript，该产品也是Adobe与苹果公司开始业务往来并成功扩大公司规模的契机[①]。

20世纪80年代初期，个人计算机开始普及，但当时存在一个难题，就是用来打印计算机文档的打印机性能较差。针对这个问题，Adobe的这套编程语言通过一定的算法，确保文字即使被放大后也能清晰地打印出来。这个具有划时代意义的新功能受到了广泛关注。当时的Adobe是一家运用算法使字体变得更美观的公司。

1983年，苹果公司的创始人乔布斯在公司与Adobe展开业务合作的同时，决定对Adobe注资。据说当时他认为"这会是一个完美的全垒打"。就这样，Adobe跟随着苹果公司快速发展的步伐，扩大了自身的业务规模，并在公司创立第四年的1986年8月，成功在纳斯达克上市。1986年的Adobe有87名员工，其收入的

---

① 苹果公司于1980年12月实施首次公开募股，作为一家快速发展的个人计算机创业公司，备受瞩目。Adobe就是被当时风头正劲的苹果公司发掘了出来。

84％都来自苹果公司。可见Adobe自创业之初就已经跟苹果公司建立起紧密的联系了。

上市之后，Adobe积极开拓苹果公司以外的新客户，比如IBM、惠普公司等主营个人计算机的大公司。Adobe对苹果公司的依赖程度也随之逐渐降低，1987年，来自苹果公司的业务收入占整体收入的49％，到1988年这个比例下降到了33％。但是，1989年，Adobe与苹果公司的关系发生巨变。苹果公司将其一直保有的Adobe股份的20％进行转让[①]，并宣布将开发一种能代替Adobe PostScript的新字体标准。而这种新字体标准，将由苹果公司与微软公司两家伙伴企业共同开发。创业不过几年后，Adobe的存在意义就受到了挑战。

这场被称为"字体战争"的斗争，为此后"Adobe VS Apple"的漫长对立关系拉开了序幕。苹果公司对Adobe有"养育之恩"，与苹果公司陷入对立关系，对Adobe而言是一个巨大的危机。于是，Adobe不再执着于字体市场这片红海，而是试图在图像处理工具这片蓝海中开辟出一条生路。Adobe的代表性产品Photoshop（1987年）、Illustrator（1990年）等，都诞生于这个时期。

20世纪90年代，个人计算机在世界范围内普及，Adobe的

---

① 苹果公司此前向Adobe注资250万美元，通过此次股份转让，获得了约8 000万美元的收益。

Photoshop和Illustrator成为创意工作中不可或缺的工具。从此，对于专业的创意工作者来说，Adobe的设计工具成为标配①。

Adobe成功避开了与苹果公司、微软公司的正面冲突，通过转移公司的竞争领域让企业生存了下来。

与苹果公司的第二次战争

但是，Adobe与苹果公司之间的战争，并未止于"字体战争"。2010年左右，围绕Flash，两家企业之间出现了纠纷。这要从Adobe在2005年以34亿美元的价格收购了竞争对手宏媒体公司（Macromedia）开始说起。21世纪初期，Adobe与宏媒体公司因为Illustrator的专利权而相互指控对方侵权，后来Adobe收购了宏媒体公司，这场诉讼案也随之而终结。但接下来，一款名叫Flash的软件引发了新的问题。这款产品原属于宏媒体公司，2010年在个人计算机上的普及率高达98％。随着Adobe收购宏媒体公司，这款软件的所有权也转移到了Adobe。

要说这款产品有什么问题，那就是它正好处于苹果公司的主要业务的延伸领域之中。因此，无论是2007年发布的智能手机

---

① Adobe推动了相片成像作业的电子化。诺日士钢机正是在Adobe的影响下，失去市场，陷入了经营危机。另外，Adobe在设计工具之外，还有其他具有竞争力的产品，例如面向个人计算机的Adobe Reader。

iPhone，还是2010年发布的平板电脑iPad，都不兼容该产品。

2007年以后，智能手机潮流席卷全球，苹果公司排斥Adobe
的做法对Adobe可谓是一个沉重的打击。每当Adobe涉足软件行业
的主流领域，都要面对苹果公司及其盟友企业的施压，类似的剧
情一再上演。面对如此境况，Adobe采取了怎样的战略？

"不与苹果公司竞争"的保守选项

2007年，当时45岁的桑塔努·纳亚耶（Shantanu Narayen）就
任Adobe的首席执行官[①]。同年，iPhone发售。应该如何面对这个
从21世纪初期开始实力快速增强的竞争对手？自上任之初，这个
难题便摆在了纳亚耶的面前。

这时候桑塔努·纳亚耶做出的判断是，不再投资开发适用于
iPhone的视频播放器等产品。桑塔努·纳亚耶公开表示："对于
不支持开放式平台的人，我们选择终止对话。"就像当年的"字
体战争"，Adobe避免与苹果公司发生正面冲突，决定在其他领
域进行投资。

---

① 桑塔努·纳亚耶职业生涯的前期在苹果公司度过。也就是说前苹果公
司员工成为Adobe的首席执行官，与老东家展开斗争。

引进订阅模式

不过，桑塔努·纳亚耶的战略并非不与苹果公司斗争这么简单。2013年，Adobe做出了一个让行业震惊的宣言。这个宣言就是Photoshop、Illustrator等Adobe的主力产品，过去主要以套装模式来销售，今后将改为在创意应用软件Adobe Creative Cloud上以逐月订阅模式进行销售。此外，公司将于2014年停止销售套装软件。这标志着Adobe彻底转型为一家基于订阅①的云端软件公司。从此，用户无须为了购买套装而一次性支付超过10万日元的金额，但为了使用云端服务，需要按月支付费用。

从软件套装改为订阅服务，据说Adobe公司内部曾有过反对意见。但是桑塔努·纳亚耶考虑到，通过订阅服务，公司能时刻为客户提供最新版软件，而且也能在云端加强与顾客的互动，基于这些优点，他决定推行订阅服务。当时，桑塔努·纳亚耶指出："一旦找到了目标方向，就应该尽早做出决定，寻求变化。"并以此推动公司内部达成共识。

2013年转型提供订阅服务后，Adobe付出了一定的代价，那

---

① 不同于按产品一次性付费购买的消费方式，订阅服务是一种支付费用以在特定时期内获得使用权的消费方式。通常的模式是，在条款规定的时期内能够自由使用指定产品，一旦超过了这个时期，就不能再使用该产品。

就是公司营业收入陷入了低迷状态。这样的结果并不意外。过去用户在购买一款产品时，需要向Adobe支付一笔10万日元左右的初始投入费用，而在订阅模式下，用户无须支付初始投入费用，但要按月付费，因此在转型过渡期内，难免会出现收入短暂下滑的情况。实际上，2012年Adobe的营业收入为44亿美元，但2013年为40亿美元，2014年为41亿美元。

然而2014年之后，Adobe的营业收入增长迅猛。2015年的营业收入为48亿美元，2016年为58亿美元，2019年上升至111亿美元。通过向订阅服务转型，Adobe的营业收入突破了100亿美元大关。

不过，为什么向订阅服务转型能让Adobe的营业收入快速增长？其中一个很大的原因是用户群体变得更为广泛。过去以套装模式销售，用户每购买一款产品就要支付超过10万日元的初始投入费用。这导致业余用户望而却步，结果只有专业设计师使用Adobe的产品。但是在订阅模式下，每月最低只需支付980日元，就能使用相关产品。因此，在固有用户群体的基础上，Adobe成功吸引到了新用户，在利润率不受影响的前提下，营业收入成功突破了100亿美元大关。

Adobe推行订阅服务的成功案例受到了广泛关注，但我们在这段故事中，看到了苹果公司这家巨头企业的身影。为了避

免竞争，Adobe绞尽脑汁想到的策略，就是订阅服务这一新业务模式。

| 总结 | **迸发战火时，不要正面对抗，要寻找下一个支柱业务** |

Adobe自创立以来便遭遇到微软公司、苹果公司等软件巨头的挑战，但设法存活了下来。Adobe之所以能在苹果公司发起的两次挑战中求得生存，是因为Adobe不断为了未来的新事业播下种子，并避免与对方发生正面冲突。

在最初的"字体战争"中，Adobe明面上与苹果公司战火四射，同时也在暗地里开发Photoshop这款强有力的产品。Flash战争时期也一样，在避免与苹果公司发生正面冲突的同时，通过向订阅服务转型，强化既有产品的影响力，最终成功度过危机。

正是这样，Adobe在既有业务开展得还算顺利的时候，便着手开拓新业务，并以此一次又一次地度过危机。Adobe的强大就在于，即使眼前是一片激烈的战火，也不会轻易选择正面对抗，而是在暗地里悄然无声地为下一个支柱业务做好部署。从这个角度来看，Adobe可谓是在苹果公司的锻炼下一路成长起来的企业。

在投身于竞争的同时，不可将所有精力都放在眼前的竞争上，要在战火的背后顽强地为新事业播下种子。Adobe的这种姿态，作为一种危机管理方式，对我们来说充满了启发性意义。

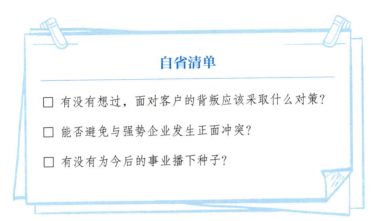

自省清单

☐ 有没有想过，面对客户的背叛应该采取什么对策？

☐ 能否避免与强势企业发生正面冲突？

☐ 有没有为今后的事业播下种子？

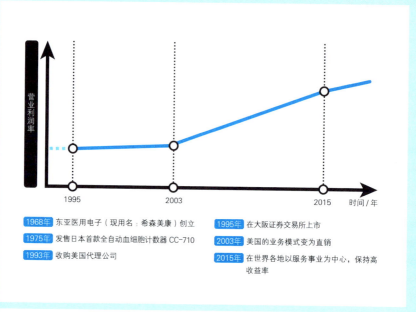

营业利润率

时间 / 年

1995　　2003　　2015

- **1968年** 东亚医用电子（现用名：希森美康）创立
- **1975年** 发售日本首款全自动血细胞计数器 CC-710
- **1993年** 收购美国代理公司
- **1995年** 在大阪证券交易所上市
- **2003年** 美国的业务模式变为直销
- **2015年** 在世界各地以服务事业为中心，保持高收益率

重新定义客户价值

希森美康（Sysmex）是一家高收益企业，2020年营业收入为3 019亿日元，营业净利润率为11.5％。该公司84.5％的营业收入来自国际业务，在进军国际市场的同时保持着很高的收益率，并因此广为人知。

希森美康的主营业务是向医院提供用于血液检查、尿液检查的医疗设备和试剂，尤其在血细胞计数器领域保持着世界第一的市场占有率，只要是有一定规模的医院，里面肯定有希森美康的检查设备。21世纪前十年，希森美康被赞誉为"内行人都知道的优秀企业"。

希森美康在医疗领域建立起了稳固的地位，但是它的成长经历并非一帆风顺。20世纪90年代，全球医疗费用削减导致价格压力陡增，希森美康面临着即使开发出最新检查设备，如果不减价销售就卖不出去的严峻局面。不仅如此，希森美康在其他国家的产品销售代理公司，也相继提出了解约要求。

本节将分析希森美康面临的国际业务存亡危机，以及度过危

机的全过程。本次危机管理的关键词是紧贴顾客和重新定义客户价值。

"医疗设备行业很赚钱"是真的吗？

21世纪初，很多日本企业都开始涉足医疗设备事业。其中名列前茅的是主营照相机与办公设备的佳能。佳能在2016年收购了东芝的子公司东芝医疗系统[①]，进军电子计算机断层扫描（CT）等检查设备的研发生产领域。这是因为佳能的主营业务收益水平日渐低迷，便将目光投向了医疗设备这个高收益行业。

上文写到了"医疗设备行业收益率很高"，这个说法也许会让人以为卖医疗设备很赚钱。确实，在外行人看来，医疗设备给人的印象是：技术要求很高、产品附加价值很高等，虽然不能批量生产，但似乎只要卖出一台收益就很可观……这样的印象相信已经深入人心。但如果我们仔细分析医疗相关事业的情况，就会发现医疗事业很赚钱这个刻板印象不一定是正确的。这是因为，"医疗设备和医药品的购买主体是谁"这个问题非常复杂，往往难以说清楚。那么大家认为，谁才是医疗设备和医药品真正的购买者？关于这个问题，最表层的答案是"医院的医生"。一般来

---

① 收购金额高达6 655亿日元。

说，医生为了实施更好的治疗，会按照医院的预算配置医疗设备。那么，医院的预算又是由谁审批决定的呢？

日本厚生劳动省[①]公布的资料显示，2017年日本国民医疗费用的总金额为430 000亿日元，其中38.4％为公费支出（其中国库支出占25.3％，地方支出占13.1％）。因此政府和地方自治体承担了很大一部分的医疗支出。政府确实有必要承担医疗费用，但政府不可能无止境地扩大这项费用负担。因此，政府试图通过药价修订机制来调整医疗设备和医药品的价格，减轻医疗费用负担[②]。反过来说，医疗相关领域确实有很大的需求，但事实上一直承受着降价压力。这并不是一个总是很赚钱的乐观产业，尤其在欧美各国，医疗与社会保障支出中个人负担比例很高，因此降价压力也更为突出。

日本国内的成功模式无法复制

本节的主角希森美康，也是一家在政府的医疗费用削减行动中面临着降价压力的企业。希森美康原来是从事商用音响设备

---

① 日本政府中负责医疗卫生和社会保障的主要部门。——译者注
② 药价修订机制，是政府为减轻医疗费用负担实施的其中一项举措（根据该机制，厚生劳动省每两年对医保价格目录进行一次修订）。——译者注

的公司东亚特殊电机（现名TOA公司，总部位于神户市）旗下的医疗设备生产商东亚医用电子。最开始，东亚特殊电机为了进入新的事业领域而成立了医疗设备研发实验室，在研发出血细胞计数器并实现商业化后，该实验室于1968年从母公司独立出来，日后成为希森美康①。

希森美康生产的血细胞计数器专门用于血液检查，通过检测患者的血液样本中的血细胞数量，能够判断患者的健康状态。要正确检测出血细胞这么微小的物质的数量，并非易事，这个发明充分体现了希森美康的技术优势。

在希森美康创立时，一家名叫库尔特（Coulter）的外国同业公司占据了日本国内大部分市场份额。但是希森美康的血细胞计数器因精度高而广受好评，逐渐扩大了市场份额。

1982年，希森美康占据日本国内血细胞计数器市场70%的份额，这家用技术说话的制造业创业公司，被人们称为"小巨人"。在称霸日本市场之后，希森美康再次凭借着技术优势，尝试用血细胞计数器进军欧美市场，以扩大业务规模。但是，在希森美康进军国际市场的道路上，出现了"政府主导的降价压力危机"这座大山。日本的医疗保险费用十分丰厚，因此昂贵的医疗

———————————

① 东亚特殊电机的创始人中谷太郎在探索新事业时关注到血细胞计数器这一领域，创立了希森美康。

设备也有比较好的销路，但是在20世纪80年代，欧美各国政府开始推进医疗费用削减行动。受此影响，希森美康进军国际市场的计划不如想象中顺利。1989年，希森美康面向其他国家市场推出了NE系列新产品，虽然该产品在当地市场得到好评，但却面临着"如果不降价就卖不出去"这一前所未有的局面。

另外，20世纪80年代到90年代，希森美康选择委托当地代理公司进行销售的方式来开拓国际市场。但是正如前面提到的，希森美康的产品销路不如预期，对于当地的销售代理公司来说，销售希森美康的血细胞计数器并不赚钱。因此，英国的代理公司在1991年提出不再销售希森美康的血细胞计数器，美国的代理公司也在1993年提出了同样要求。各地的销售代理合同就此相继解除。

对于希森美康来说，与其他国家的销售代理公司停止合作，意味着进军国际市场的计划就此搁浅。1988年，时任社长桥本礼造曾公开表示要"在十年内成为血液学领域的世界第一企业"，但实际情况却与公司预期相距甚远。在降价压力面前，希森美康的业绩停滞不前，进军国际市场的计划也变得阴云密布。

承担风险，建立直销机制

其他国家的销售代理公司纷纷提出不再续约，希森美康必须尽快拿出应对之策。

首先，1991年与英国的销售代理公司解除合同时，希森美康有以下两个选项。

（1）重新开始寻找其他代理公司。

（2）自主设立销售公司，即建立直销网络。

第一个选项可以分散进军国际市场过程中的风险，能够快速铺开市场，但同时，就像这次的经历一样，要面对来自代理公司的解约风险。

第二个选项则要求希森美康雇佣其他国家的销售人员，因此会产生一定的资金投入，风险也随之而来。

当时，希森美康的年度营业收入额大约为200亿日元，在其他国家建立直销网络的投资负担过于沉重，公司内部出现了反对声音。但是当时希森美康的经营层给出的结论是在英国组建直销网络。虽然这个决定伴随着风险，但是公司认为自主构建销售网络，能够直接听取顾客的意见，有利于今后的产品开发工作。

1991年，希森美康收购了英国的销售代理公司，朝着自主构建销售网络的方向大幅调整经营方针。这就是希森美康组建全球直销网络的第一步。随后，1993年与美国的销售代理公司解约时，希森美康同样决定收购当地的代理公司。在收到代理公司提出的解约要求时，时任社长桥本礼造在酒店里思考了一整个晚上，"是收购然后设立销售公司，还是寻找新的分销商"，最终他决定在美国也同样通过收购的方式建立自己的销售网络。

希森美康收购了销售代理公司中的对口部门（约有70名员工），设立了当地的销售子公司美国希森美康（Sysmex Corporation of America，简称Sysmex A）。当时营业收入不过200亿日元的希森美康，相继在各国收购销售代理公司，开始组建起了自己的全球直销网络[①]。

重新定义客户价值

20世纪80年代，希森美康在国际业务中提供的价值是向当地销售合作方提供能够赚钱的产品。也就是说，医疗设备生产商希森美康，以其他国家的销售代理公司作为顾客，并向其提供产品。

[①] 2003年，美国业务全面转为直销模式。

这个时期，希森美康接触不到医院、医生这些真正的产品购买者。因此希森美康在开拓全球直销渠道时，明确了在开展业务时要秉承"终极顾客是医院"的思路，向顾客提供价值。在此基础上，希森美康着手加强试剂等医用耗材、与检查相关的服务体制等方面的工作，而不是只关注血细胞计数器这个硬件产品。通过将过去无偿提供的服务转变为有偿服务，凸显出公司的附加价值。

希森美康所提供的是与血细胞计数器的应用相关的服务。血细胞计数器是精密仪器，偶尔也会发生故障。对医院而言，如果血细胞计数器停止运作，就无法进行相关检查，因此该仪器的故障会导致巨大损失。对此，希森美康为了预防因设备故障导致停止服务，在日本、美国、欧洲设立了软件开发基地，积极强化信息技术系统，建立起能够对检查设备的运作状况进行集中管理的系统。同时，公司也建立起一套人员调配机制，如遇紧急情况，服务专员能够第一时间赶到医院进行应对。

也就是说，希森美康一改以往向医院销售血细胞计数器的价值提供思路，朝着"为医院提供血细胞计数器以及确保设备能一直运作的安心服务"的方向做出转变，重新定义了应该向顾客提供什么价值这个问题。

结果在21世纪前十年，希森美康的营业收入中，大部分是试剂业务与服务带来的收入。希森美康从一家依赖代理公司的生产型企业，摇身一变成为服务型企业。

希森美康通过将企业价值定位在服务领域中，将政府主导的医疗费用削减行动所带来的影响降到了最低。

总结 | 想清楚真正重要的价值何在

"只要技术过硬，产品就肯定有销路"的想法，乍一看似乎是对的，但是，这种想法往往只是没有看到问题的本质而已。顾客花钱买的东西并不是技术本身，而是通过技术能做到什么。在希森美康的案例中，虽然血细胞计数器的精度很高，但顾客的真正诉求其实是血细胞计数器永远不会停止运作，即医院能够一直开展检查工作。技术只是实现结果的手段，血细胞计数器的精度，对顾客来说也不过是给予好评的其中一个因素。

很多企业在不断追求技术的过程中，面临着价格压力。这时候决不能轻易向价格压力低头。屈服于压力而降低产品价格，意味着公司未能正确定义自己所提供的价值。这时候我们应该做的，是重新定义应该向顾客提供什么价值。

字形复苏：
企业危机管理之道

自省清单

☐ 是否已经彻底想清楚"向顾客提供什么价值"这个
问题？

☐ 能否承担起风险，为今后的事业部署做出关键决定？

☐ 是否只关注产品制造与技术？

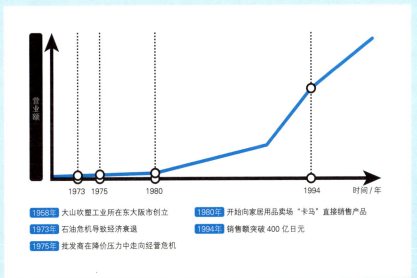

营业额

| | | | | |
时间 / 年

1973　1975　　1980　　　　　　　　　　　1994

1958年 大山吹塑工业所在东大阪市创立　　**1980年** 开始向家居用品卖场"卡马"直接销售产品

1973年 石油危机导致经济衰退　　**1994年** 销售额突破 400 亿日元

1975年 批发商在降价压力中走向经营危机

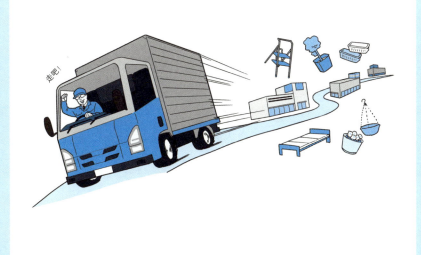

改写行业常识

本节将介绍一家名叫爱丽思欧雅玛（IRISOHYAMA）的公司。虽然公司名字的知名度不算很高，但是家居用品卖场中销售的发光二极管（LED）灯具、收纳服装用的透明盒子等，都是由这家公司开发、生产的。爱丽思欧雅玛还没有上市，但是该集团是一家营业收入约为5 000亿日元（2019年12月财年数据）的大型企业。

现在的爱丽思欧雅玛已经发展成一家大型企业，但在半个世纪之前，还只是一家位于东大阪市的小型工厂。1973年，爱丽思欧雅玛只是一家微不足道的小企业，在石油危机引起的经济衰退中濒临倒闭边缘，而且批发商这一大势力还对爱丽思欧雅玛张牙舞爪。

这次我们来看看在石油危机以及经济衰退的影响下，几近破产的爱丽思欧雅玛是如何度过危机的。

"批发商可不会轻易答应"的时代

批发商是指那些从生产者手中采购产品，并向零售业者销售产品的批发行业从事者。在半个世纪之前的日本，批发商对商业拥有极大的影响力。正如"批发商可不会轻易答应"[①]这句谚语的意思一样，批发商这个角色在当时日本的商业中处于核心地位，拥有非常大的话语权。

为什么批发商有这么大的影响力呢？理由就是当时物流网络尚未成熟，生产商难以凭借一己之力建立物流渠道，将自己大量生产出来的产品直接卖给大量销售的零售商，只能依靠批发商这个中间环节的力量。

例如，国分集团（KOKUBU）[②]是食品行业的一家老牌批发商。国分集团创立于江户时代的1712年，是一家知名的"三百年企业"[③]。明治时代，国分集团以日本桥为起点，正式开展食品批发业务，与惠比寿啤酒（日本麦酒酿造公司生产的啤酒品牌，公司现用名为札幌啤酒）、味之素（AJINOMOTO）等大型食品生

[①] 日本谚语，意为"事情往往不能尽如人意"，文中为直译。——译者注

[②] 2019年12月财年，国分集团的营业收入约为1.8万亿日元。

[③] 在东京都日本桥创立的国分集团通过销售酱油进入食品行业，在日本关东地区构筑起强大的销售网络。

产商合作，发挥着将产品送到消费者手中的重要作用。生产商想将产品销售给遍布日本各地的消费者，必须借助批发商的销售力量，国分集团就是这样扩大了业务规模。

批发商在日本的物流行业中发挥着重要的作用，生产商在批发商面前抬不起头来。这样的时代持续了很久。

但是，如今生产商与批发商之间的关系，与当时相比有了很大变化[①]。1962年，日本进入经济高速增长期，一本名叫《流通革命》的书成为畅销书，引发了一场关于"批发商的存在意义"的争论。这是因为随着货车开始普及，在陆路进行大量运输变得更为容易，物流成本也降低了。

一直以来，批发商在生产商与零售业者中间发挥中介作用，并因此成为日本商业的中心环节。而物流成本大幅降低，让生产商和零售商之间的直接交易成为可能。这样一来，批发商的存在意义就受到了质疑。这预示着以往被视为常识的"生产商—批发商—零售商—终端消费者"模式，正逐渐向"生产商—零售商—终端消费者"模式转换，人们认为这一商流变化的结果是不再需要批发商。

尽管当时这场关于"批发商的存在意义"的争论非常激烈，

---

① 时至今日，对于中小生产商等无法自主建立物流体系的企业来说，批发商是连接生产者与零售业者、最终消费者的重要角色。

在20世纪60年代的日本经济中，批发商仍然拥有极大的影响力[1]。而在这些拥有极大影响力的批发商的价格压力之下被逼入困境的，就是当时在东大阪市经营着一家小型工厂的爱丽思欧雅玛。

突如其来的经济衰退

爱丽思欧雅玛的历史，从1958年大山森佑在东大阪市设立一家名叫大山吹塑工业所[2]的塑料制品生产厂开始。创始人大山森佑因病突然离世，于是当时年仅19岁的儿子大山健太郎继承了工厂。

为了让小型工厂发展壮大，大山健太郎积极地开拓新业务。当时塑料这种材料刚刚面世，因此大山健太郎时刻都在思考和摸索塑料的新用途。他想出了用塑料代替玻璃生产养殖业用浮标的创意，公司因此开发出了一款畅销产品[3]。

随后在1970年，公司用塑料代替木材生产插秧机上的育苗箱。大山健太郎不断推出创新产品，让这家小型工厂的生意变得

---

① 可以说正因为当时批发商的力量仍然很大，才让这场关于"批发商的存在意义"的争论变得激烈。

② 1991年更名为爱丽思欧雅玛。——译者注

③ 20世纪50年代是塑料产业蓬勃发展的时期，各种中小企业凭借着创意开拓出自己的市场。玩具生产商特佳丽（现用名为特佳丽多美，TAKARA TOMY）也是通过开发塑料玩具实现飞跃式发展的企业之一。

越来越红火。1973年，公司的营业收入达到15亿日元，这家小型工厂实现了飞速发展。当时大山健太郎27岁。

1973年10月，石油危机导致原油价格暴涨，日本经济骤然进入寒冬，塑料的原材料价格也随之暴涨。加上经济不景气压抑了消费需求，爱丽思欧雅玛的经营工作很快便陷入了困境[1]。面对当时的严峻局面，大山健太郎曾想过就此关闭公司，但是考虑到员工今后的生活，还是想方设法试图克服危机。这时，来自批发商的价格压力就像追击穷寇一般，让爱丽思欧雅玛的处境变得更加困难。批发商要求爱丽思欧雅玛将主力产品育苗箱的售价从200日元~300日元下降到80日元。爱丽思欧雅玛拒绝了这个要求，批发商竟然立刻跟其他生产商开始合作。

不仅爱丽思欧雅玛，当时所有小型工厂的经营能力都因经济萧条环境下批发商施加的价格压力而遭到削弱。爱丽思欧雅玛进一步深陷于经营危机之中，公司决定将基地从东大阪市转移到位于日本东北地区的仙台市，重新出发。

能够将生产商与零售商连接在一起的只有批发商吗？

为了度过危机，爱丽思欧雅玛做出的选择是和批发商说再

---

① 石油危机前夕，爱丽思欧雅玛在日本东北地区设立了工厂，这笔投资对公司经营带来了沉重负担。

见。公司决定抛弃以往"生产商—批发商—零售商—终端消费者"的中介商流模式，尝试构建"生产商—零售商—终端消费者"的商流模式。

爱丽思欧雅玛注意到了家居用品卖场这种在当时20世纪70年代快速发展起来的新型零售业模式。20世纪70年代，随着汽车的普及①，家居用品卖场这种巨型零售商开始出现在日本各地的公路两侧。

1970年以中部地区为中心开展业务的卡马（Kahma）、1977年以新潟县为中心开展业务的可米利（KOMERI），以及1989年以关东地区为中心开展业务的家迎知（CAINZ），都进入到家居用品卖场这个市场之中。当时，家居用品卖场还是一种新兴零售业态，其经营思路里包含着通过大量采购产品，实现低价销售的设想，比起与批发商的关系好坏，家居用品卖场更关注如何实现低价销售的设想。于是作为一家生产商，爱丽思欧雅玛尝试向家居用品卖场直接销售产品。

乘着时代的东风，爱丽思欧雅玛成功与知名家居用品卖场卡马开展业务合作。成功推动合作的关键，在于爱丽思欧雅玛拥有能够触及用户痛点的产品开发实力。爱丽思欧雅玛开发的塑料花

---

① 日本从此进入了汽车社会，郊区因此而发展起来，家居用品卖场都是在郊区发展壮大起来的。

盆与传统产品相比，不仅颜色多样，还加入了排水口、排水栓等十分方便的功能设计。这款花盆成了畅销产品，爱丽思欧雅玛的口碑也因此传播开来，公司开始与日本各地的家居用品卖场展开直接业务往来[①]。

在与家居用品卖场的合作规模逐步扩大的过程中，爱丽思欧雅玛确立了生产商兼供应商的全新定位。20世纪90年代，爱丽思欧雅玛在日本各地相继开设具备货物运输能力的新工厂，身为生产商的同时，承担起以往由批发商负责的物流职能，构筑起一套不依赖于批发商的业务模式。从此，爱丽思欧雅玛能够以更低的价格、更快的速度[②]向零售商交付货物。

爱丽思欧雅玛就是这样与批发商诀别，直接与零售商开展业务的。

通过培育产品开发能力战胜价格压力

与批发商诀别的爱丽思欧雅玛，并非就此高枕无忧。家居用品卖场也向爱丽思欧雅玛施加了沉重的价格压力。因为没有批

[①] 除了园艺用品，爱丽思欧雅玛还开发出透明的服装收纳塑料盒等受欢迎的产品，持续向家具用品卖场提供各种畅销产品。

[②] 21世纪初，爱丽思欧雅玛开始在日本全国提供"当天往返配送（货车在送货当天就能回到出发地）"服务。

发商这个中间环节，来自零售商的价格压力直接传导到生产商身上。下一个要解决的问题，就是如何提高议价能力。

为此，爱丽思欧雅玛构筑起一套重视开发与销售的经营机制。首先在销售层面，爱丽思欧雅玛派出员工在家居用品卖场详细调查顾客的动向，建立起能够掌握客户需求的机制[①]。而在开发层面，公司强调速度，不断地进行新产品开发。通过这些举措，不仅诞生了很多畅销产品，而且在某些产品价格下跌时也能靠新的畅销产品弥补收益。

爱丽思欧雅玛每逢周一召开开发会议，这是反映公司重视速度的企业精神的其中一项举措。产品开发人员在会上对新产品进行介绍，公司社长出席该会议并当场决定是否对这些产品进行商业化推广。这项举措的意义在于通过在会议现场对大量新产品开发工作进行快速判断，公司能够灵活应对市场需求。

在商流中剔除批发商这一中介环节，再在销售能力与开发能力方面下苦功，这些策略成就了今天的爱丽思欧雅玛。

---

① 将家居用品卖场的销售信息管理系统与公司系统对接，能够迅速地掌握产品销售情况。

总结 | 强大的秘诀在于"正确看待那些被认为理所当然的事"

总览本节内容，我们会发现度过危机的关键点在于如何看待那些被认为理所当然的事物。

首先，爱丽思欧雅玛成功度过危机的其中一个因素是憨直地追问那些被视为理所当然的事。爱丽思欧雅玛将紧贴顾客当作理所当然的事并加以实践，培育公司的产品开发能力，扩大了企业规模。这当中并没有什么秘密武器，有的只是默默践行着企业理念的行动。

其次，本节的案例也告诉我们，在商业世界中得不到实践的往往是那些理所当然的事。处于经济高速增长期的日本，虽然物流网络已经开始发展，但是批发商仍然作为货物买卖的核心环节，拥有很强的影响力。消费者的需求是以更低的价格、更快的速度，获得更好的产品，如何让大量生产、大量消费的产品更好地迎合这一需求，是供应商理所当然要去考虑的事情。但是，在行业认为理所当然的事面前，那些对消费者来说理所当然的事往往得不到重视。

按行业传统行事并因此遭遇危机时，最重要的是如何打破行业认为理所当然的惯例。过去随着公路网络的完善与货车的普及，营商环境有了很大变化，如今信息技术的发展也同样为营商环境带来了巨变。但是那些长期身处行业之中的人们，却不容易注意到这些变化，不容易在此基础上改变那些理所当然的事。

因此对于商务人士来说，应该时刻追问一个问题："行业认为理所当然的事，是真正的理所当然吗？"在行业的理所当然与消费者的理所当然不吻合的情况下，行业的理所当然会在不久将来被那些能够让新的理所当然成为现实的企业所改写，而过去的行规则很有可能被时代所抛弃。

质疑那些被认为理所当然的事，并且憨直地探求真理，就会找到通往未来的答案。

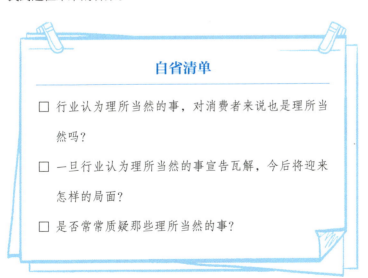

自省清单

☐ 行业认为理所当然的事，对消费者来说也是理所当然吗？

☐ 一旦行业认为理所当然的事宣告瓦解，今后将迎来怎样的局面？

☐ 是否常常质疑那些理所当然的事？

案例 20 宝洁公司

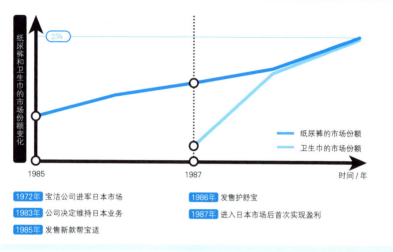

时隔15年后扭亏为盈

宝洁公司（P&G）是一家成立于美国的跨国企业，在日本因帮宝适纸尿裤等日用品而为消费者所熟知。宝洁公司2019年的营业收入为676亿美元，可谓是日用品行业的巨人。

但是宝洁公司在全球开展业务的过程中也经历过困难，其中最具代表性的是进入日本市场初期遭遇的失败。20世纪70年代，宝洁公司进入了日本市场，但是遭受到日本国内厂家的猛烈攻击，出现了巨额亏损。为此，20世纪80年代，宝洁公司内部曾围绕"是否撤出日本市场"展开了严肃的探讨。这家今天在全球享誉盛名的企业，也曾在日本这个舞台上，有过被迫做出生死抉择的经历。

接下来，本节将分析宝洁公司是如何度过撤出日本市场这个危机的。

巨型跨国企业登陆日本市场

宝洁公司是一家日用品生产商，于1837年在美国辛辛那提市诞

生。南北战争时期，宝洁公司建立起一套通过铁路网络将肥皂、蜡烛等生活必需品运输到全国各地的供应体制，在美国成功扩大了业务规模。宝洁公司在第二次世界大战之前，已经发展成为美国一家具有影响力的日用品生产商，但那时还不是跨国公司，只是一家美国公司而已。

宝洁公司摇身一变成为跨国公司的契机，是在1946年发售了一款名叫汰渍的合成洗涤剂[①]。合成洗涤剂取代了过去在日用品市场占据重要地位的肥皂，能够更高效地去除污渍——这个全新市场就此诞生了。加上当时洗衣机开始走进美国的千家万户，合成洗涤剂这种全新日用品很快就被消费者所接受。

宝洁公司不仅在美国国内销售合成洗涤剂这种划时代的日用品，还在世界各地广泛开展销售。20世纪50年代，宝洁公司进入西德，正式进军欧洲市场，并凭借着汰渍这款有力武器占领了市场。

宝洁公司凭借着合成洗涤剂这款具有很强竞争力的新产品，推进业务全球化，并在20世纪60年代研究是否进入日本市场。

宝洁公司即将登陆日本的传闻一经流出，日本本土的日用品生产商就陷入了焦虑。在日本，花王、狮王等知名企业占据了洗

---

① 第二次世界大战期间，石油化工技术发展迅猛，合成洗涤剂在此背景下诞生。

涤剂市场的份额，但是在资金方面，这些企业完全无法与宝洁公司相提并论。举个例子，1966年宝洁公司的年营业收入为8 000亿日元，在广告宣传方面投资约900亿日元，在美国、英国、法国等国家拿下了洗涤剂市场约50％的份额。而当时花王的营业收入仅有约400亿日元，连宝洁公司广告宣传费用的一半都不到。因此，人们都认为如果宝洁公司登陆日本市场，日本的日用品行业迟早会被击溃。大部分日本国内的日用品生产商都战战兢兢，担心会被赶出市场。

1972年，在日本日用品生产商深陷焦虑的时候，宝洁公司与日本太阳家（Sunhome）这家本土生产商合资成立了宝洁太阳家公司（P&G Sunhome），正式进军日本市场。

宝洁公司把美式市场营销手段带到了日本市场。其主力产品当然是洗涤剂。宝洁公司在日本市场采取了十分猛烈的攻势，例如在1976年面向参与问卷调查的液体洗涤剂顾客发放5 000日元奖金等，引起了人们的讨论。宝洁公司以雄厚的资金实力作为武器，一边加深对日本消费者消费行为的理解，一边试图推倒本土生产商的壁垒。

对此，花王的时任社长丸田芳郎发表声明，表现出应战的姿态。他在声明中写道："在日本不惜付出巨额亏损进行低价竞争，然后用自己国家丰厚的资金来填补亏损，这就是不道德的跨

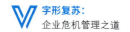
国企业的做法。"一场以日本为舞台的"日美洗涤剂之战"一触
即发。

在美国与欧洲取得成功的战略不适用于日本

宝洁公司大张旗鼓地登陆日本市场，但是其作战计划却不如
想象中顺利。不仅如此，在进入日本市场后不到几年，它就陷入
了危机。尽管宝洁公司在广告宣传方面投入了巨额资金，却始终
未能击破花王和狮王的壁垒，反而因为花王和狮王大胆进行降价
销售而遭受到沉重的打击。

1975年1—3月，宝洁公司在日本首都圈拿下了洗涤剂市场
39.9％的份额，占据市场第一的宝座，但随后份额逐步下滑，在
1976年1—3月，宝洁公司所占份额排名后退至日本第三（见图
4-1）。宝洁公司在日本国内日用品生产商的降价促销攻势之下备
受折磨。

结果，宝洁公司始终未能在日本市场扭亏为盈，陷入了连年
亏损的严峻局面。宝洁公司不仅1976年当年累计在日本市场亏损
约140亿日元，1977年在日本的业绩更是包括美国在内全球24个国
家中最差的，日本业务的前景令人感到绝望。

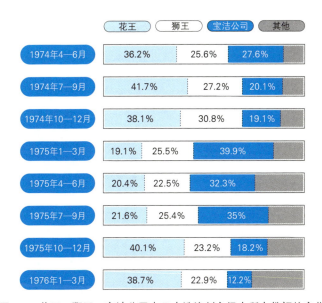

图4-1　花王、狮王、宝洁公司在日本洗涤剂市场中所占份额的变化

注：调查对象为首都圈的大荣（Daiei）、西友（Seiyu）、伊藤洋华堂（Ito Yokado）三家连锁超市。

　　不过，这时宝洁公司的日本业务中，还存在着一线生机，那就是纸尿裤。

　　1977年，宝洁公司在日本推出了帮宝适，这是一款用纸替代布来生产尿布的划时代产品。这款纸尿裤成为畅销产品，瞬间席卷整个市场。宝洁公司的日本业务在洗涤剂的价格战中碰壁，却在纸尿裤这个全新的市场看到了希望。然而，纸尿裤市场的发展趋势也与宝洁公司描绘的蓝图不太一样。总部位于日本四国地区的创

业公司尤妮佳很快便夺取了宝洁公司在纸尿裤领域的市场份额。

尤妮佳对宝洁公司的纸尿裤进行彻底研究，并在此基础上于1981年发售了自己的纸尿裤产品妈咪宝贝[①]。该产品使用高吸水树脂（SAP），吸水性非常强，而且在设计上十分贴合婴儿体型，很快便得到了消费者的支持。尤妮佳发售纸尿裤的第一年即1981年，便拿下了23％的市场份额，而宝洁公司的份额则每月连续下滑1％~2％，与之形成鲜明的对比。

就这样，宝洁公司在洗涤剂领域输给了花王，在全新的纸尿裤领域也被名不见经传的创业公司尤妮佳打败了。宝洁公司这个一度让日本本土企业畏惧的行业"巨人"，在仅仅十年时间内，其在日本的业务就走到了岌岌可危的地步。甚至一度有传闻称，对于日本业务，宝洁公司内部的士气跌落到谷底，负责日本业务的经营团队出现了分裂。

"只许成功不许失败"

"我们必须在日本市场战胜日本本土的竞争对手，因为总有一天要（与日本的竞争对手）在美国开战。无论如何都要在日本站稳脚跟，只许成功不许失败。"

---

① 尤妮佳发展迅猛，在纸尿裤发售的第一年，销售额便高达60亿日元。

这段话是当时宝洁公司的国际业务负责人埃德温·亚兹特（Edwin Artzt）认为公司应该继续开展日本业务的理由。

他已经预想到，不仅仅是在自己的祖国美国，总有一天要在全球市场上与日本企业一决高下。从日本市场撤出就意味着迟早有一天要离开世界市场，因此宝洁公司做出的选择是哪怕出现亏损也要继续在日本开展业务。基于这一点，他提拔了德克·杰格（Durk Jager）负责日本业务的重整工作，而且对日本业务的经营团队施加压力："大家要团结一致，否则我们就会失业。"

宝洁公司1983年制订了日本业务重整计划，名叫重新开始。首先要做的是消除公司的巨额债务，让组织架构变得更为精简。当时宝洁公司在日本拥有一家合资企业宝洁太阳家以及一家全资子公司宝洁日本分公司（P&G Japan），存在管理机制十分复杂的问题。为此，宝洁公司将两家企业并入新成立的宝洁远东公司（P&G Far East），精简了公司的组织架构。与此同时，宝洁公司对过去积累的负债进行清理，改善了公司的财务状况。

通过设立新公司宝洁远东公司进行紧急"止血"之后，宝洁公司开始回顾过去在日本市场失败的原因。结果，公司将以下五点确定为必须解决的课题。

（1）了解日本的消费者。

（2）为日本消费者定制产品。

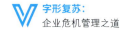

（3）以文化敏感性指导营销。

（4）树立企业形象。

（5）渗透日本的分销体系。

攻占日本市场的三部曲

为了解决以上五个课题，度过危机，宝洁远东公司采取了以下三项措施。

（1）为日本消费者定制产品

宝洁公司最先采取的措施是为日本消费者定制产品。公司分析了纸尿裤市场份额被尤妮佳夺取的失败经验，并迅速着手开发符合日本市场需求的纸尿裤产品。1985年1月发售的新帮宝适得到了日本消费者的接受，市场份额逐渐恢复①。

宝洁公司不仅对既有产品进行改良，还致力开发新产品。1986年7月，女性生理用品护舒宝在日本发售②。宝洁公司在开发该产品的过程中对日本女性加以研究，使其尺寸设计更贴合日本女性的体形，因此护舒宝一经发售就拿下了很大的市场

---

① 为了让产品更贴合日本人的体形，宝洁公司对新帮宝适的设计进行彻底改良。

② 尤妮佳占据了女性生理用品市场的大部分份额，宝洁公司试图实现赶超。

份额。

当时宝洁公司以电视广告的形式宣传护舒宝，具有划时代意义。过去在日本，女性生理用品是一种见不得人的产品，商家从不进行大规模宣传。但是宝洁公司反其道而行之，对其赋予职场女性走进社会的象征性意义，并进行了大规模宣传。宝洁公司向传统文化中的忌讳发起挑战，使护舒宝在发售后约一年时间内便拿下了20％的市场份额，发展成为一个支撑宝洁公司日本业务实现V字形复苏的品牌[①]。

宝洁公司通过为日本消费者定制产品，成功找到了克服危机的第一个突破口。

（2）渗透日本的分销体系

接下来，宝洁公司着手推进产品流通改革。宝洁公司在原来500家合作批发商中严格挑选出40家核心批发商继续合作，并根据交易渠道给予核心批发商专属分销权[②]。

对于批发商来说，护舒宝和新帮宝适在消费者中十分受欢迎，获得这些畅销产品的专属分销权对他们非常有利，因此在实

[①] 护舒宝被消费者广泛接受的背景之一是日本政府在1985年出台了《男女雇佣机会均等法》。"女性进入社会"是当时日本社会的流行词。

[②] 宝洁公司在推行这次分销体系改革时，参考了博思艾伦咨询公司（Booz Allen Hamilton）的建议。

施此次改革之后，批发商都更愿意配合宝洁公司。

就此，五大课题之一的深渗透日本的分销体系，也迎刃而解。

（3）改革人事制度，获取人才

最后，为了获取能够重振日本业务的人才，宝洁公司着手推动人事改革。此次被任命为人力资源部负责人的，是一位姓氏为新居的日本人。

原来，一直以来宝洁公司在日本市场采用的是年功序列制度[①]等温情主义的雇佣模式。这是因为宝洁公司最初是以美日合资公司的形式进入日本市场的，多少残留着日本式的雇佣习惯。但是此时，宝洁公司要与日本式经营手段彻底诀别。

此外，为了注入优秀的新鲜血液，宝洁公司特别重视大学校园招聘，在日本实力最强的八所大学中，积极地开展招聘工作。当时，新居对学生们说："在宝洁公司，年轻人会被委以重任，只要做出业绩就有晋升机会，而且完全没有性别歧视。"据说这番话吸引了很多对日本企业的传统雇佣模式不满的优秀学生。

而关于宝洁公司正处于可能要撤出日本市场的危机之中这一

---

① 年功序列制度的主要内涵是员工的基本工资随员工本人的年龄和企业工龄的增长而每年增加，而且按各自企业自行规定的年功工资表次序增加。——译者注

事实，新居当时也毫不隐瞒地告诉了学生们[1]。

还有一点是，当时的校招标准中并不包含英语能力这一项。这是因为当时宝洁公司最需要的人才，正是那些从小在日本长大、十分熟悉日本市场的优秀学生。为此，公司对不擅长英语的新员工开设了培训课程。正因为宝洁公司是一家外资企业，所以它更希望得到日本大学毕业生深入理解日本市场、能够在日本进行市场营销等素质，而不是英语能力。

凭借着独特的招聘方针，宝洁公司收获了很多能够承担起占领日本市场这个重大任务的优秀人才。

通过从过去的失败中反思，宝洁公司日本业务的颓势逐渐得到挽回。

1985年，宝洁远东公司的营业收入为1.3亿美元，1988年营业收入为5.6亿美元，1990年营业收入突破10亿美元，实现了名副其实的迅猛发展（见图4-2）。

1987年，宝洁公司收益到达盈亏分歧点，即公司的日本业务实现了扭亏为盈。自1972年进入日本市场后，经过15年的漫长岁

---

[1] 那些通过校招进入宝洁公司的人才中，出现了很多后来日本经济界的知名人物。本书中日本环球影城案例中提到的森冈毅、日本麦当劳案例中担任市场营销负责人的足立光，都在大学毕业后进入了宝洁公司任职。

月，宝洁公司终于成功度过了危机。

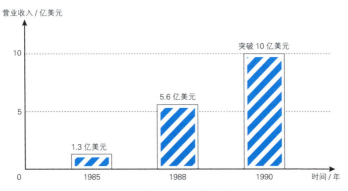

图4-2　宝洁远东公司的营业收入

　　宝洁远东公司的时任社长、为日本地区的事业重整工作不断张罗的德克·杰格，提起那段在日本的经历，他认为"当时已经没有什么可以失去的了"。他回想道："我们公司摆脱了一种基于家族式温情主义的宽容的管理模式。我们对所有员工一视同仁，对业绩进行公平的评价，然后给予奖励。（中间省略）对于每个事业部和项目，我们以三个月、半年或一年作为一个周期去制订计划。我们的惯例是，所有参与人员都承诺将计划执行到底，最后我们会一起享受寿司、刺身，喝酒庆功。我现在也时常会想起，当时我们是发自内心地享受着这份工作的。我们已经被逼到了失败的边缘，已经没有什么可以失去的了，所以才能设定如此高的目标进行改革，在短时间内实现了业绩的复苏。"

262

总结 | 事业成功的关键在于执着而不是技巧

"进军国际市场""全球化"这些词语，放在今天已不再新颖。但是要注意的是，这些词语虽然很动听，背后的现实却往往是"尸横遍野"。实际上，宝洁公司在进入日本市场时已经成功在欧美各国开展业务，被人们视为行业中的"巨人"。但是来到日本市场后，却怎么也无法取得成功。此后宝洁公司花了15年时间，终于在日本市场上获得收益，这段艰难的历程，正反映出进军国际市场、业务全球化的困难。

为什么宝洁公司在进入日本市场时会碰壁呢？其中一个原因是花王这个老牌生产商和尤妮佳这家创业公司对宝洁公司的产品进行了彻底分析，并选择与之抗衡。对于这些本土企业来说，宝洁公司进入日本市场是一件足以撼动自身企业根基的重大事件。他们在危机意识的驱动下采取的反击措施，连行业巨头宝洁公司都始料未及。像这样始料未及的事情接连发生，就是进军其他国家市场时需要面对的现实。

不过，在危机面前，宝洁公司并没有选择撤出日本市场，它认为："如果就此在日本认输，总有一天在祖国美国与他们竞争时，也同样会被打败。"正因为当时的这份危机感和执着，让宝洁公司重新正视日本市场，并花费15年之久，终于能够与其他对

手站在同一条起跑线上。

　　无论是日本企业还是美国企业，在其他国家开展业务都不是一件容易的事，往往要经过多年的努力才可能取得一定成果。业务全球化考验的不是企业的外语能力等技能，而是面对工作时的执着姿态。

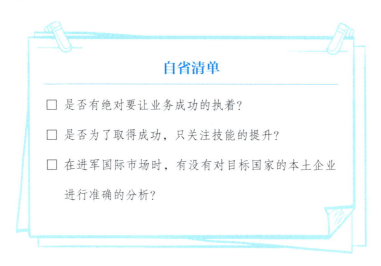

自省清单

☐ 是否有绝对要让业务成功的执着？

☐ 是否为了取得成功，只关注技能的提升？

☐ 在进军国际市场时，有没有对目标国家的本土企业进行准确的分析？

后　记

　　人们常说现在是充满变化的时代，在新冠肺炎疫情暴发后，我们可以看见这些变化越来越显著。实际上，我们在2019年的很多想法，自从2020年年初以后就已经完全不适用了。相信很多读者也体会到了这些巨大的变化。但是，这个充满变化的时代是现在才开始的吗？

　　正如本书介绍的案例那样，其实一直以来我们人类都经历了无数次变化，并且总是成功克服了这些变化。变化并不罕见，不管人们是否注意到了这些变化，它们总是一直存在的。因此，我想我们有能力应对当下的变化，而且无论以后会发生多么剧烈的变化，我们都肯定能战胜它们。

　　但同时，人类是健忘的生物。一旦发生了问题，就会大声呼喊"发生危机了！不得了了！"，而在大部分情况下，人们过几年就会忘得一干二净，"原来以前还发生过这样的事情啊……"。使日本首都圈化为废墟的关东大地震、让日本制造业跌入绝望深渊的石油危机、导致金融机构破产和房地产价格暴跌的泡沫经济破裂、源自美国的殃及全球的雷曼兄弟公司破产事

件……这些事件发生时，人们都感受到了前所未有的冲击，但是当它们成为历史时，那种切身体验的记忆便会逐渐淡化。

尽管人们在身陷危机时会认为这是前所未有的严峻局面，但是随着时间的流逝，人们会逐渐忘记当时的感受。正因如此，有意识地定期回顾过去的危机，对我们大有裨益。过去前人跨越过的种种危机，正是指引我们走下去的经验智慧。

人类的本性难以轻易改变，就像温故知新这个成语背后的道理一样，从过去的危机中学习能给予我们走向未来的精神食粮。

我衷心希望本书能够帮助大家做好准备，以应对未来的危机，也希望能够提供一些经验智慧，帮助大家克服眼前的危机。

最后，非常感谢担任本书编辑的日经BP社的宫本老师、负责校阅的真边老师、负责设计的中村老师，以及负责创作企业形象插画的栗生老师。在两个月的时间内编写20家企业的案例，是个高难度挑战，正因为得到各位的支持，我才能圆满完成任务。谨在此表达我的感谢。